·本书获得国际关系学院"国家安全高精尖学科建设科研专项"资助·

国际安全概论

王 辉 ◎ 著

时事出版社
北京

目 录
Contents

导　论 / 1

第一章　国际安全的概念与理论基础 / 6
第一节　国际安全研究的概念 / 6
第二节　西方国际安全研究的路径 / 19

第二章　国际政治背景下的国家安全 / 30
第一节　维护国家安全的主要内容 / 30
第二节　国家安全观 / 35
第三节　国际安全战略 / 42

第三章　国际安全体系 / 51
第一节　国际安全体系概念与结构 / 51
第二节　国际安全体系的演变 / 56
第三节　国际安全体系变迁特点 / 62

第四章　集体安全机制 / 68
第一节　集体安全思想的确立 / 69
第二节　联合国集体安全机制及其实践 / 76
第三节　联合国集体安全机制面临的挑战 / 86

第五章　冷战后欧洲安全秩序 / 91

第一节　欧洲安全体系中的北约 / 91

第二节　欧洲联盟与欧洲安全 / 102

第三节　"后苏联空间"地区安全 / 112

第六章　冷战后中东地区安全 / 126

第一节　海湾战争后的中东战略格局 / 127

第二节　伊拉克战争后的中东力量格局 / 131

第三节　中东变局后的"碎片化" / 135

第七章　东亚地区安全 / 142

第一节　东亚地区安全秩序的基础 / 142

第二节　东亚地区安全合作机制 / 149

第三节　东亚安全秩序的转变 / 161

第八章　核军控与防扩散机制 / 167

第一节　核军控与核裁军机制的形成 / 167

第二节　核军控与核裁军体制面临的问题与挑战 / 174

第三节　有关核军控和防扩散机制前景 / 181

第九章　国际恐怖主义 / 185

第一节　国际恐怖主义概述 / 185

第二节　国际恐怖主义的治理 / 197

第三节　国际反恐合作面临的挑战 / 205

第十章　网络安全问题 / 211

第一节　网络安全问题概述 / 211

第二节　网络空间安全的全球治理　/　219
第三节　全球网络空间安全治理困境　/　226

第十一章　气候安全与全球气候治理　/　229

第一节　联合国框架下的全球气候治理　/　230
第二节　全球气候治理面临的挑战　/　238
第三节　全球气候治理的前景　/　247

导 论

一、国际安全研究的意义

纵观人类文明发展史，寻求安全始终是人类不懈的追求，也是各国政策的首要目标。自从国家诞生以来，国家间的冲突与战争不断，国家时刻面临外部强制性胁迫。对于任何一个国家来说，免于遭受威胁的状态和恐惧的心态，是参与国际互动的首要需求与条件。国际关系学科之所以诞生，主要是为了寻求避免战争、实现国际和平的方法。由于国际关系研究的产生与战争密切相关，因此，国际关系学科在很大程度上又可以说来源于安全研究。安全始终是国际政治的核心问题，是政治中的政治。

要理解国际安全，首先要明确安全的概念。对安全概念作出界定，准确阐释安全最本质的含义，是研究国际安全最基本的逻辑起点。安全是一个动态的概念，其内涵随时代的发展而不断扩展。在不同的历史时期，各国对安全有不同的认识，并追求不同的安全目标，采取不同的安全手段。

长期以来，不安全是国际社会的常态，"安全"并未引起人们的特别关注。在20世纪之前并不存在国际关系范畴的"安全"概念与安全研究。安全研究始于二战后，起源于国家主权的讨论，与威胁和领土边界相关。这个时期，安全的含义是"国家安全"，是关于国家如何防止外部军事威胁的思考，它的基本内涵是指国家领土和主权完整、不受侵犯。20世纪70年代，随着全球性问题的出现和相互依存程度加深，学者们将国家的经济活力、政权稳定、能源供给、科学技术、粮食和自然资源配置等内容纳入国家安全范畴，出现了国家主权、军事安全等传统安全以外的安全问题。冷战结束后，随着国际安全格局的剧烈变化和全球化深入发展，"安全"的含义被不断充实和丰富。

进入21世纪以来，国际安全形势发生了巨大的变化，新的安全问题不断涌现。传统安全和非传统安全交织，安全概念的内涵和研究议程大大扩展。一方面，国际力量平衡被打破，世界继续向着不确定的方向发展。大国地缘竞争与对抗重回国际政治舞台，亚太地区、中东地区、欧洲地区安全局势动荡；另一方面，非传统安全挑战日益凸显。安全的主体不仅是国家，同时也包括整个国际社会的安全、人的安全、全人类的安全；安全不仅局限于政治与军事领域，经济、金融、能源、粮食、气候变化、恐怖主义也均与安全问题密切相关。随着科学技术发展，网络、太空、人工智能等一些新安全问题不断涌现。伴随国际体系转型进程的加快，国际关系与安全秩序经历着深刻变化，全球性安全机制和地区性安全机制均经历着变革与转型。新的安全问题冲击着既有的国际安全秩序，要求人们以新视角、新观念理解和观察当今纷繁复杂的安全问题。面对国际安全形势出现的新变化，人们需要研究新问题，探究新方法。

二、全球化时代国际安全的基本特征

进入21世纪以来，随着全球化持续深入发展，国际社会进入了一个新时代。

当今世界的安全议题不断扩展，诸如人口、宗教、移民、气候、公共卫生等冲突层出不穷，而传统的大国竞争重回国际政治舞台，地区冲突此起彼伏。当代国际安全问题出现了一些新特征。

第一，安全威胁来源具有全球性。其既可能来自国家，也可能来自个人、组织，特别是恐怖主义组织、跨国犯罪组织和网络空间。随着全球化进程、技术的传播和各国关系相互依赖日益密切三种趋势进一步发展，非对称敌人及其得到各种武器的可能性也随之增加。利用全球化网络空间，个人或组织可以对任何网络的任何一个网点进行安全威胁，并且可能迅速传播到全球整个网络。在全球化进程中，信息、人员流动速度加快也给全球安全增加了不确定性和难度。安全威胁扩散的速度惊人。安全危机正在出现明显的变化：危机由个别孤立事件，偶发事件变成频发事件，由单一因素事件变成复合型事件、局部危机迅速蔓延成全局性危机，一国内部危机转化成跨国的甚至全球性危机。安全威胁影响是全球性和网络化的。全球化时代的安全威胁对象不再只是以国家为主，存在于地球上每个人、组织、国家，甚至是整个人类，都可能受到来自不同地点的各种各样的威胁，原来的局部安全问题在空间上变成全球化安全问题。

第二，传统安全与非传统安全问题交织。传统安全问题，尤其是大国之间的战略竞争仍是一个非常突出的问题，并且伴随着意识形态等领域的竞争，使得国家间关系的本质并没有发生改变。近年来，战争、武装冲突与暴力恐怖主义接连不断，由此引发的传统安全问题仍然比较严重。关于武装冲突的统计数字表明冷战后二十多年来的和平发生了反转，在伊拉克、叙利亚、乌克兰、巴以地区发生了大规模的武装冲突。上述冲突造成的难民、移民潮严重影响着诸多国家的安全。同时，安全不再仅指军事意义上的国家安全，而是包括军事安全在内的综合安全，即军事武装冲突不是安全的唯一潜在威胁，全球恐怖主义、移民、气候变化、环境污染、武器扩散、金融危机、流行性传染病、粮食短缺、贫困、有组织犯罪和网络犯罪，以及文化观念等非军事的因素都会威胁到不同主体的安全，并有向全球扩散的趋势。全球化在安全问题上并没有完全从传统安全转化为非传统安全，而是囊括了这两类安全交织。传统安全并没有消失，仍是国际安全的核心与重点；同时，上述各种安全议题之间相互联系和相互影响的广度、深度、速度等都有不断强化的趋势，使全球安全问题更加复杂化。

第三，不同类型的安全问题之间界限模糊、内容重叠。很多安全问题可能是多种安全类问题的混合，也是可以相互转化的。对国际安全的每一种威胁都增加了产生其他威胁的风险。各种威胁相互交织在一起，从而使对一国的威胁便是对所有国家的威胁，这种情况比以往任何时候都更为突出。贫穷、传染病、环境退化和战争，相互作用形成了一个极为可怕的循环。贫穷与内战的爆发密切相关。新型流行性疾病继续造成大量人员死亡，使贫穷更加严重。而疾病和贫穷又与环境退化相关；气候变化使诸如疟疾和登革热等传染病的发病率进一步上升。人口众多而又缺乏土地和其他自然资源，造成环境污染，这又可能促成民间暴力。大国对资源和能源争夺不但会引发能源安全问题，而且可能造成环境污染，甚至导致军事冲突与外交纷争。

三、本书的主要内容

国际安全指国际体系层面的安全问题，区别于某个特定国家的安全。国际安全涉及国际安全体系、制度、战略、国际安全观、非传统安全问题等诸多研究范畴。本书从总体视角，对国际安全研究的范畴、领域、特点、演进过程与发展趋势进行综合分析和概括，力图展现当代国际安全研究的整体状况。主要内容包括以下三方面。

第一部分，安全研究的基本内容。包括第一章安全内涵扩展与安全议程的扩大、安全研究的发展历程、安全研究的路径和基本范式。第二章国际体系中的国家安全问题，包括国家安全威胁来源的多样化、维护国家安全的战略选择。第三章国际安全体系的基本形态、历史演变及其特点。第四章联合国集体安全机制，包括联合国集体安全机制的实践、维和行动和国际武力干预等问题。

第二部分，作为国际安全组成部分的地区安全。国际安全问题地区化是冷战后国际安全形势变化的一个重要特征。与全球层次的安全相比，地区安全更能体现国际安全的时代特征。本书第五章至第七章，分别选择欧洲、中东、东亚三个重点区域，阐述当代地区安全的基本特征。

第三部分，梳理冷战结束后的重要非传统安全议题。本书最后四章内容，包括国际军控与防扩散机制、国际恐怖主义、网络安全、气候安全问题等，涵盖了冷战后国际安全研究的主要议题。在这些领域，本书以解决问题的视角，不仅介绍问题的症结所在，也试图提出应对这些问题的治理方案。

在全面介绍国际安全研究现状的基础上，本书每章均努力结合冷战后的现实，对国际安全领域的最新议题进行深入分析。国际安全领域正在经历深刻的变革，其中许多问题是当今国际社会面临的重大挑战，值得我们深入思考。由于起步较晚，我国的国际安全研究总体而言仍然处于相对滞后的状态，还有许多问题有待学界进行深入研究，并提出解决方案。

第一章/国际安全的概念与理论基础

自现代国家出现以来，安全就成为国家的最高利益。在国际政治中，安全是一个基本价值。对于任何一个国家来说，免于遭受威胁的状态和恐惧的心态，在任何情况下都是参与国际互动的首要需求与条件。由于国际关系研究的产生是与最不安全的战争密切相关，因此国际关系学科在很大程度上又可以说源于安全研究。从这个意义上来讲，安全研究是国际关系研究的中心。

第一节 国际安全研究的概念

在人类历史的大多数时期，不安全状态是一种生活常态，因此无须概念化。即使在17世纪西方形成了主权国家的威斯特伐利亚体系后，国家之间基于安全考虑彼此进行互相制衡时，也并未过多关注"安全"这一概念。尽管在20世纪之前并不存在国际关系范畴的"安全"概念与安全研究，但与安全相关的思想和观念是一直存在的，自古以来都是各社会群体和统治者十分关注的问题。要理解国际安全，首先要明确安全的概念。对安全概念作出界定，准确阐释安全最本质的含义，是研究国际安全最基本的逻辑起点。

一、安全研究的产生与发展

（一）安全最初的含义是"国家安全"

国际关系范畴的"安全"，是一个产生于西方的概念。国家安全的现代用法最早出现在美国报纸专栏作家沃尔特·李普曼1943年发表的《美国外交政策》中。二战期间，各国的国防事务和外交事务紧密地联系在一起。如何动员全民的力量，采取政治、经济和军事等各种手段来应对国家所面临的迫在眉睫的威胁，保证国家的生存，捍卫自身的价值观和生活方式，并战胜强大的对手，成为各国尤其是大国共同关注的问题。在二战结束及接踵而至的美苏冷战背景下，"国家安全"概念逐步得到广泛运用和推广。"国家安全"这个概念的关键在于其综合性特征。这个概念不仅包含了外交和内政，还意味着打破了以往的政策功能性界限，综合统揽诸如外交与军事、平时与战时、政治与军事、政府与社会等部门的边界。这与美国决策层对战后美国与外部世界关系的认知、对美国政府机构的设计以及战略规划上的共识基本一致。美国学界开始建立各类研究机构，加入对国家安全研究与政策讨论之中，拓展了以往军事研究的范畴，安全的概念、理论、议题逐步建立，推动了国家安全研究的发展。

进入20世纪50年代，美苏冷战不断加剧，北大西洋公约组织（以下简称北约）和华沙条约组织（以下简称华约）两大军事集团相继建立，朝鲜战争爆发，美国与苏联氢弹试验相继成功。面对激烈的美苏全球竞争，尤其是核武器的出现，美国对国家安全事务研究的需求十分迫切。美国的安全与战略研究迎来了"黄金时代"。在这个时期，美国学界关注的中心问题是，在已知核大战危险的情况下，国家应怎样用大规模杀伤性武器作为政策工具实现国家战略目标。核武器的诞生及其所具有的巨大杀伤力，使既有的军事思想在很大程度上已不适合核时代的战略问题，促使各国政治家和学者深入思考核条件下战争形态、战争方式，甚至战争的性质等一系列问题。学者们考察了核威慑的含义和性质，设计了制止侵略行为和防止冲突升级为热核战争的各种替代性战略，并就如何控制武力的使用、如何发展核力量来维持美苏之间的相互威慑等问题建立起一套高度发达的理论。由他们提出的一系列概念和理论，诸如"第一次和第二次核打击能力""确保相互摧毁""战略稳定""灵活反应""逐步升级"和"有限核战争"等，对美国政府的核战略产生了很大影响，并且成为国际安全研究的重要内容。总体而言，在20世纪70年代之前，国际安全研究基本上是一种以军事战略为中心的研究。以这种模式进行研究的学者，后来被称为传统主义者。传统主义的安全假定是，国家之间始终存在发生战争的可能，而使用军事力量对于国家和社会具有深远的影响。因此，安全研究界定为有关军事力量的威胁、使用和控制的研究。它探讨的对象是可能使用军事力量的情况，暴力的使用对个人、社会和国家的影响，以及国家为了准备、防止和参与战争所应采取的战略与政策等。

（二）安全的非军事化

从20世纪70年代开始，安全研究开始"从军事向非军事性"领域转变。随着布雷顿森林体系瓦解、美国深陷越南战争、世界石油危机爆发等事件的发展，国际形势出现了一系列新变化。一些学者开始重新思考国家权力的构成要素以及国家安全的内涵与外延，更加注重经济、科技、环境和能源等问题。这些议题对安全研究产生了深远的影响。学者们主张国家的经济活力、政权稳定、能源供给、科技、粮食和自然资源配置等内容应被纳入安全范畴。这些因素被纳入研究视野,并不是它们自身被视为安全问题,而是因为它们影响了武力的使用,影响了军事安全。1976年《国际安全》杂志创办,并很快发展成为安全研究领域的主要学术阵地。1983年普林斯顿大学教授理查德·厄尔曼在《国际安全》杂志上发表论文《重新定义安全》。该文认为安全研究不能只限于东西方对抗的军事层面,而应关注更宽广的安全议程。[①] 学者们相继提出了经济安全、生态安全以及社会安全等新的关注问题。到了20世纪80年代后期,随着国际局势的缓和,人们在拓展安全视角的同时,陆续提出了一些新思想,并形成了所谓的"新安全观",其中包括合作安全、共同安全、综合安全等概念。这些概念的共同之处是用多边主义代替双边主义。总体而言,从20世纪70年代中后期到冷战终结这段时期,安全研究的视野拓宽,安全研究的议程更为丰富,出现了博弈论、系统分析等新研究方法,研究有了更坚实的实证主义基础。研究的议题、理论和方法呈现多样化发展,实证性、学术性和应用性都有了较大的提升。

(三) 安全的内涵深化和议题扩展

后冷战时期,安全的内涵不断深化以及安全议题大大扩展。从20世纪90年代开始,苏联解体结束了美苏之间以冷战为主要表现形式的权力对抗,国家面对的威胁和维护安全的模式也发生了变化,全球安全环境走向新阶段。与此同时,全球化进程也对国际环境产生了深刻影响。跨国网络在人类活动的一切领域加速发展,货物、资本、人力、知识、信息、武器、犯罪、污染和信

[①] Richard Ullman, "Redefining Security," International Security, Vol. 8, No. 1, Summer 1983, pp. 129 – 153.

仰等一切要素都在跨越领土边界。国家越来越不能够控制发生在自己领土边界之内的事务。在这样的进程中，尽管国家仍然是最强有力的行为体，但它们不得不与各种非国家行为体共享全球政治舞台。国际政治日益被全球政治取代。

这一时期，尽管权力政治结构下的国际冲突因素仍然存在，但政治、军事安全以外的问题，特别是各种全球性问题，已受到了越来越多的关注。行为体在金融、贸易、信息、发展、环境、健康、反恐、核武器扩散等领域的互动所推动的安全议程，地位明显提升。这些安全问题由于种类繁多，很难被直接界定，因此只能参照传统安全来说明。就概念而言，非传统安全是指传统安全之外的其他安全问题。与传统安全问题相比，这些被称为非传统安全的问题有着不同的属性与影响。与传统安全相比，非传统安全不但涉及更复杂的行为主体，而且涉及国家间政治、军事互动之外的更广泛的问题。这些问题多数具有跨国属性，在很大程度上是全球性问题。这些问题的解决需要国际合作，并形成了迥异于传统安全的全球治理应对模式。

对非传统安全的关注，体现了安全议程的重大变化。在这一过程中，国家不再是唯一的安全主体和安全问题的核心。除了非国家行为体地位和重要性上升之外，"人的安全"在国际议程中也受到了越来越普遍的关注。"人的安全"是冷战结束后国际形势发展变化的产物。联合国开发计划署1994年《人类发展报告》首次提出"人的安全"的概念，被认为具有里程碑意义。该报告指出，人们长期以来对安全的理解过于狭窄，主要是指免于外来侵略的领土安全、在对外政策中保护国家利益，或是免于核威胁的全球安全等。这样的理解把安全更多地联系于国家而不是人民。普通人在日常生活中寻求安全的正当关切被遗忘了。对于全人类而言，安全所关切的不是武器，而是人的生命和尊严。安全意味着保护人们免于疾病、饥饿、失业、犯罪、社会冲突、政治压迫和环境灾害的威胁。

联合国报告强调"人的安全"是相互依存的。当人类在世界上任何地方遭受诸如饥荒、疾病、污染、贩毒、恐怖主义等威胁的时候，所有国家都可能会被波及。该报告指出，"人的安全"存在两个主要组成部分，即"免于恐惧"和"免于匮乏"。鉴于形势的发展和变化，国际社会的安全含义亟须从两个基本方面加以改变：从排他性地强调领土安全转向更多地强调人民的安全；从通过军备实现安全转向通过可持续的人类发展实现安全。自联合国这个报告发布后，"人的安全"得到了很多国际机构的关注。为响应联合国秘书长在2000年千年首脑会议上关于让世界"免于匮乏"和"免于恐惧"的呼吁，联合国2001年成立了人类安全委员会。该委员会认为，面对从持续性贫困到种族暴力、人口贩运、气候变化、流行疾病、国际恐怖主义和国际金融危机等新的安全威胁，需要建立新的安全共识和应对模式。"人的安全"意味着保护人的基本自由，保护人民免于严重的和普遍的威胁，因此人们需要摒弃传统的、以国家为中心、主要应对军事侵略的安全概念，而转向个人安全。作为一个以人为本的概念，"人的安全"是把个人放在分析中心。它考虑了威胁到人的生存、生计和尊严的广泛的条件，并且确认了对人的生命是无法忍受之威胁的底线。实现"人的安全"，需要扩大对威胁的理解，以综合、协调、以人为本的方法，在国家内部并且跨越国家促进和平、安全和发展。

2005年9月14—16日，在联合国成立60周年首脑会议上，所有联合国会员国都正式接受了每个国家都应保护其人民免遭灭绝种族、战争罪、种族清洗和危害人类罪伤害的责任。在该首脑会议上，各国领导人还同意，当任何国家不能履行这项责任时，国际社会就有责任帮助保护受到这些罪行威胁的人民。此后，联合国就把这一概念应用于在武装冲突中保护平民的实践。2006年8月31日，联合国安理会第5519次会议通过包含"保护的责任"第1706号决议，授权向苏丹达尔富尔地区部署联合国维和部队。以后，针对利比亚、科特迪瓦、南苏丹、也门、叙利亚等国的问题，联合国安理会的决议都使用了这一概念。"保护的责任"作为实现"人的安全"的一种安全理念和途径，已被国际社会所接受。

在当代国际关系中，安全议程的演变所体现出的趋势是值得注意的。由于世界各国既面对着传统安全问题，也面对着非传统安全问题，既要维护国家安全、国际安全，也要维护全球安全、人的安全，因此需要有更广阔的视野与新思维。为了应对复杂多元的安全问题，参与互动的行为体既要应对可能的冲突，也要利用外交手段开展各种安全合作。在这个过程中，国家作为最主要的行为体，需要维护自己的利益，但也需要承担维护国际安全的责任并坚持维护人的安全的价值。在安全互动中不论从哪个维度维护安全，最终维护的都是人民的安全。在这一点上世界各国日益形成共识，推动了国际社会安全认知的进步。

二、安全的概念

安全研究的发展，一方面促进了有关现实问题与安全应对的探讨，另一方面推动了学理性研究。尽管如此，由于安全问题的复杂性和多样性，迄今人们对安全的概念和研究边界并没有达成普遍性共识。

（一）安全概念的模糊性

作为研究的基础，人们对"安全"的概念与理论进行了很多讨论。其中对于安全的概念能否界定和如何界定产生了争论。一些学者否认安全有确切的含义，认为"安全"的概念是社会科学中最不明确和价值负载最多的概念。[1] 由于不同的安全主体、不同的场合、不同的时代，面对不同的问题，人们往往会对"国家安全"作出不同的解释。安全作为一个概念太复杂了，任何一般的界定都难免以偏概全。因此，安全只是没有任何精确意义的"模糊的符号"。卡尔·多伊奇指出，安全意味着和平及对和平的维护，但是安全作为一种价值，同时受制于其他许多价值的方式和条件，因此其含义往往是不明确的。[2] 彼得·曼戈尔德指出，国家安全与国家利益是相连的。安全在不同的时间和地点，必然意味着不同的事情，这取决于人民必须保卫的东西，并且取决于威胁的性质。[3] 他们认为安全问题本身太复杂，层次过多而且不同层次的安全实质完全不同，因而无法统一而论，只能依据不同层次或范围对安全作出不同规定，阐释安全的含义只能联系具体情况而定。

另外一些学者认为国家安全是可以作出一般界定的。安全的内涵虽显模糊，但依然可以在最基本的层面上做简约化的理解与描述。对于安全的一般界定都是在国家政策选择的背景下展开的，多数人关注的焦点是在敌对国家间的行动—反制机制上。哈

---

[1] David A. Baldwinand, Helen V. Milner, "Economics and National Securit," in Henry Bienened., Power, Economics and Security, Boulder, Colo: Westview Press, 1992, p. 29.

[2] ［美］卡尔·多伊奇著，周启朋等译：《国际关系分析》，世界知识出版社1992年版，第283页。

[3] Peter Mangold, "National Security and International Relations," London and New York: Routledge, 1990, p. 4.

罗德·布朗认为,国家安全代表其具有这样一种能力:保持国家的统一和领土完整,基于合理的条件维持它与世界其余部分的经济联系,防止外来力量打断它的特质、制度和统治,并且控制它的边界。① 这种概念带有浓厚的军事中心色彩,把安全等同于潜在的军事威胁,把安全界定为保卫国家免遭外来的颠覆和攻击。

人们对安全的含义存在各种不同的理解,主要有主客观两个原因。从客观方面看,人们面对不安全的状态与安全问题极其复杂和多样化,如果联系具体的现实进行理论概括,那就可能因观察问题的不同、观察角度的不同而形成不同的界定。从主观方面看,每个人都有特定的知识背景、范式偏好和价值判断,必然对安全的含义有不同的理解与解释。显然,要讨论安全的一般含义,囿于具体的事实和特定的范式是不恰当的。

(二) 安全的界定

一般来说,人们在遇到危险或感到有威胁时,才会想到安全问题。安全概念最基本的含义与威胁和危险相关联,安全就是不存在危险和恐惧。在这里,危险是指客观现状,而恐惧则是指一种心理状态。基于安全这两个方面的含义,学者们一般把安全界定为客观上不存在威胁,主观上不存在恐惧。

安全概念的这两重含义是相互联系的。行为体在客观上面对威胁与危险,在主观上就会失去安全感,就会感到恐惧。反过来说,行为体在主观上感到恐惧,就会采取现实的措施,以便改变客观现状。这样的一种关联性与现实主义所讲的"安全困境"是一致的:一方为加强安全而采取的防卫措施,会降低另一方的安

---

① Harold Brown, "Thinking about National Security," Boulder, Colo.: Westview Press, 1983, p. 4.

全感并导致其采取应对措施。各方以这样的方式行动，就会使紧张局面不断升级。由于安全所涉及的客观与主观两个方面相互关联，因此人们维护安全就需要实现两方面的目标：不单要造就一种安全的现状，而且要造就一种安全的心态。

对行为体来说，维护安全所要解决的威胁可以大体上分为两类：现实问题与潜在问题。现实问题是指已存在的威胁与危险。这类问题具有客观属性，是可以观察的，要么来自人的社会行为，要么来自自然灾害。例如，国家的领土完整和政治独立受到侵犯或武力威胁，生态环境恶化，遭遇能源危机、粮食危机、金融危机、难民危机、跨国犯罪等，都属于现实问题。潜在问题是指尚未发生但有可能发生的威胁与危险。这类问题可能源于物质原因，也可能源于心理因素。例如，霸权国通常会把崛起国视为潜在的威胁，因为崛起国发起挑战就有可能取代其在世界上的主导地位。在这里，无论是直接相关还是间接相关，安全问题都是基于物质现象的一种推测，体现了安全问题的客观属性。

从另一个角度讲，安全问题很大程度上是人们主观认知的结果。客观事实要成为"事实"，需要经由行为体的主观判断。作为一个特殊范畴，"安全问题"都是指得到主观认定的客观事实。在国际关系中，行为体面对的安全形势错综复杂，人们的认知与价值取向存在很大差别，对于同一"事实"的威胁评估往往极为不同。人们对于安全形势的判断往往存在争议。总之，安全作为一个概念，既指一种客观现状，也指一种心理状态；安全作为一个问题，既与客观事实相关联，又取决于主观认知。

由于安全问题取决于人们的认知，因此冷战后出现了生态安全、核安全、网络空间安全、公共卫生安全等大量全球性安全问题。这些问题之所以成为安全问题，是因为人们的观念改变了。作为一种特殊类型主体间政治，安全问题很大程度上是主观建构的结果。人们把这样的过程称为"安全化",即把一个原本不涉及安全的问题在主观认识上变成一个安全问题。对于安全的决策者来说,把一个问题安全化,是需要经过说服过程的,目的是建立全社会的共识。在这个建构过程中,可能有很多社会因素会发生作用,诸如决策者的偏好、官僚政治的运作以及社会思潮和文化传统等。由于安全问题的特殊地位,一旦某些议题被安全化后就会比其他问题更重要,可以使用特殊的权力、优先调动各种资源来抵御安全威胁。

由于没有既定的安全问题,因此安全概念存在内容边界难题。安全概念过分延伸会导致分析和理解的困难。后冷战时代存在"安全"泛化趋势,一旦某些问题被贴上安全标签,就可能成为大国谋求利益的工具,或者为武力干预提供借口。

(三)国家安全与国际安全

安全是针对安全对象的某种建构,总是与特定的主体相关联,没有主体的安全概念没有任何意义。在现代国际体系中,国家是安全的首要主体。无论是国家安全还是国际安全,本质上都是建立在国家概念的基础之上。安全起源于国家主权的讨论,威胁与领土边界相关。安全最初的含义主要是指国家免受外部的军事威胁。随着全球化的发展,学者们将国家的经济活力、政权稳定、能源供给、科技、粮食和自然资源配置等内容逐步纳入国家安全范畴。后冷战时代,国家安全内涵进一步扩展。但无论国家安全内涵如何扩展,国家始终是安全的首要主体。国际安全是指国际体系层面的安全问题,其指涉对象是主权国家组成的国际体系,它区别于某个特定国家的安全。它经常聚焦于国际关系中的武力使用,包括国际冲突的主要原因、国际安全体系结构与机制、地区安全秩序与机制等内容。

传统上，国际关系将国际政治与国内政治进行区分，将国家外部威胁与国家内部社会安全进行区分。随着全球化的发展，国家内部、外部威胁区分日益模糊，这使国家安全与国际安全的区分也日益模糊。实际上，国际安全是安全在国际层次上的体现，是国家安全向国际体系层次的延伸。安全是一定关系的产物，即安全问题产生于相互关系之中。倘若行为体之间不存在任何互动，则根本就不存在所谓的安全与不安全。在国际政治背景下，国家的安全总是相对其他国家或国际体系而言的，总要涉及各种各样的互动关系。所以，安全是一种关系概念，自身的安全是通过同他者的安全关系界定的，他者的不安全往往是对自身安全的潜在威胁和挑战。这种关系作为一种结构，体现的是行为体在安全事务中的相互作用和相互影响。国家谋求安全，不可能是一国的问题，它不可避免地带有国际因素。若未着眼于国际体系，则不可能准确评估国家的安全问题；反过来，若无视国家的安全，也不可能理解国际体系的稳定。如果体系结构受到威胁，国家安全不可能实现；如果国家自身不安全，则会不断冲击国际体系的稳定。

在现代安全关系中，主权国家一直是互动的主角。由于在无政府状态下国家都是以自利和自助的方式维护自己的利益，为了生存和发展，可能会以牺牲别国利益的方式来实现自己的安全，因此国家间的安全关系在一定条件下是一种蕴含着冲突与战争危险的状态。国家作为政治实体所面对的最主要的安全问题就是主权地位、领土完整、政府存续和人民安康所受到的威胁。这些问题都关乎国家的政治安全。由于国家为维护自身的整体安全都是以军事力量作为最终手段，在互动中会表现为现实的或潜在的军事互动，因此国家的军事安全构成了政治安全不可或缺的条件。按照这种以国家为主角，以政治、军事安全为内涵的安全观传统，人们通常把安全等同于潜在的军事威胁，或者把安全界定为保卫国家免受外来的颠覆和威胁。

安全问题在本质上都是互动问题。在互动中，行为体会形成具有不同问题指向和属性的安全关系。在安全互动中，主权国家间关系是一种最基本的形态。国家参与这种互动，主权身份、领土边界和管辖范围都需要相互承认。国家在互动中确立了主权地位，才有主权安全可言。如果国家互不承认主权，那么对双方来说都意味着面对一种不安全的局面。在国家维护安全的过程中，军事安全居于至关重要的地位。国家间不论发生军事对峙、武装冲突，还是进行军控与裁军、缔结同盟条约，体现的都是互动关系。在这种关系中，每个国家的战略决策都是参照相关国家的政策与行为而定，并且常常呈现出"行动—反行动"的特点，即一方的行为会导致相关的其他国家采取相应的行为，尤其是在敌对国家之间，这种互动会表现出更加密切的相关性。

国家在安全问题上的互动，会导致它们形成复杂的安全关系：有一些具有零和属性，一方所得就是另一方所失；也有一些具有非零和属性，各方通过合作可以促进共同利益。这些不同的相互依赖关系交织在一起，构成了国家谋求安全的背景与环境，其中包含不信任、冲突和对抗，也包含安全合作和集体行动。没有哪个国家在国际安全问题上能够脱离这种相互依赖。国家身处安全关系之中，就会受到安全关系无处不在的影响。这种影响主要体现为两个方面：一是每个国家的安全政策都不可能独立地制定与实施，总会受到其他国家乃至国际社会整体性影响；二是国家在国际体系中可以采取维护安全的行动，但无法控制互动的结果。

不论是国家安全还是国际安全都只能是相对的，而且它们是相互作用和相互影响的。"国际"是由国家组成的国际社会。作为安全的指涉对象，国家多样性及内部特征的差异导致国际体系层面的安全无法分割。由于国家间的差异会极大影响国家关系，所以"国家安全"概念在一般意义上并不一致，在实践中安全只能适用于不同的国家。

通过互动谋求同意以实现国际安全，其实追求的是一种"共同安全"，因为"同意"表明互动各方都从中得到了安全。"共同安全"作为一种安全战略，是以国际安全作为国家安全的前提。按照这种战略，单独一方实现的安全，不可能是长久、稳定的安全。任何一个国家要实现安全，都必须以所有相关国家的安全为条件。只有所有相关国家都有安全感的时候，安全才是有保证的。要实现共同安全，参与互动的国家就需要把安全诉求保持在可以谈判的限度之内。对于难以妥协的问题，互动方可以采取管控矛盾的做法，即把可以搁置的问题先搁置，不使问题激化，同时继续保持谈判的努力。这样做可以保持国家间的正常关系。实际上，避免争议升级为战争就是一种可以谈判的共同利益。从理性选择的角度讲，只要国家在互动中能认识到安全合作的重要性与必要性，那么"共同安全"的实现就具有可能性。

第二节　西方国际安全研究的路径

国际安全研究一直是西方国际政治研究的核心领域。西方国际安全研究大致经历了现实主义、自由主义和建构主义三个发展阶段。任何理论的产生均源于其对现实问题的反思。西方国际安全研究的历史进程反映了国际安全形势的变化趋势。基于不同的研究路径，不同的国际关系理论对于安全关系的构成、属性、机制有不同的观察与解释。但国家安全始终是西方国际安全理论分析国际安全问题的基础和前提。本节主要介绍西方国际政治理论界的三个主流研究范式，即现实主义、自由主义和建构主义国际安全研究的特点。

一、国际安全研究的现实主义范式

现实主义在西方国际安全研究中一直占据主导地位，是安全研究中最为广泛的分析视角。实际上，安全研究首先是伴随着现实主义学说的发展而发展的。不论是传统现实主义还是新现实主义，都把国际安全作为关注的中心问题。按照现实主义的观点，国家是国际关系中的主要行为体，是安全的指涉对象。国家作为拥有主权的行为体，在任何时候、任何情况下都是以维护自身最大利益为最高原则。从这里我们可以看出，现实主义所设想的安全关系就是由主权国家构成的无政府状态，而这种状态的本质就是不安全。基于这样的观念，现实主义认为国家存在的根本目标就是加强安全。国家需要在国际体系中保持自己的主权地位，保证自己的人民、领土和政权不受侵犯，保证自己能得到充足的生存资源，并持续保持自己的文化传统和价值观念。

按照现实主义的观点，国家能否实现安全，或者说能否消除别国的存在所带来的威胁，最终取决于国家相对其他国家而言的权力或能力，而这种权力或能力最重要的体现就是国家的军事力量。因此，国家所要做的最重要的事，就是保持并发展自己的能力，特别是军事能力。这一职能构成了国家存在的最根本的理由。霍布斯指出，国家的建立就是为了捍卫人民免遭外来者的侵略和彼此间的伤害。他认为，由于最高主权者具有独立地位，因此始终是互相猜忌的，并保持着斗剑的状态和姿势，他们的武器指向对方,他们的目光互相注视。显然,如果国家不能履行维护安全的职责,那么它就不可能拥有所声称的合法性以及公众对它的忠诚。

对于现实主义者来说,暴力因素始终是安全关系中最重要的因素,其他因素只有在同军事因素的发展相关联的时候,才是重要的。例如,强有力的经济力量是决定一个国家能建立并维持怎样的军事能力的因素;地理环境是决定一个国家有多少可用于军事能力的自然资源,以及国家是否具有军事脆弱性的因素;政府形式是决定国家是否具有军事动员能力的因素;政治领导是决定国家能否适当与明智地使用军事力量的因素。总之,现实主义安全观所要回答的核心问题是国家怎样使用军事力量,以及国家应怎样应对这种不安全的基本来源。

如果说古典现实主义是把权力视为目的本身而致力于积累越来越多的权力,那么新现实主义则认为国家最终所关心的不是权力而是安全。如果追求更大的权力可能冒不安全的风险,那么国家就可能选择谈判而不是战争。对于新现实主义者来说,国际政治的特征并不是无休止的冲突与战争,在国家之间是存在着受制于安全竞争逻辑的有限合作的。

对于合作,新现实主义者关注的是相对收益问题。按照新现实主义的观点,国家在合作中最担心的是受到欺骗,以及他者通过欺骗获得更大的相对收益。例如,在军控问题上就可能发生这样的情况。如果在合作中一方进行欺骗,那么原有的力量平衡就可能被打破,从而使另一方处于危险的境地。在这里,绝对收益(即各方都能从合作中有所得)并不重要,重要的是各方的相对收益。任何国家都担心他方从合作中收益更多,从而使己方处于不利的地位。

在这里,尽管新现实主义向合作迈出了一小步,但仍然认为在国际体系中缺乏信任感，并且充满了误解。由于国家都不知道自己的"邻居们"的真正意图，因此只能处于一种持续的紧张状态。在这种情况下，国家为安全采取的行动可以有两种选择：一是增强自身的力量；二是削弱自身的力量。国家增强自身力量如果对别国产生了威慑作用，使之减少了敌意，那就会使自己更安全；但如果产生了挑衅作用，使之增加了敌意，则会使自己更不安全。与此相类似，国家削弱自身的力量如果产生和解作用，使对方减少敌意，就会使自身更安全；相反，如果产生引诱作用，使对方增加敌意，那就会使自身更不安全。所以，不论国家采取何种战略，都要冒某种风险。

传统现实主义认为，由主权国家组成的国际体系本质上是一种无政府状态。由于国家间总是存在着利益的差异、竞争与冲突，所以国际体系中任何一个主权国家的存在对别国来说都是一种本质上的不安全。由此，国家始终处于通过自助获取安全的境遇中。一国追求自身安全的意图会增大他国的不安全感，因为每一方都把自己的行为解释为防御性，而把另一方的行为解释为可能的威胁。即一国的安全与强大意味着另一国的安全与强大受到削弱，这种"零和"状态就是安全困境。如上所述，在这种情况下，由相互猜疑和恐惧而产生的不安全感驱使这些单元去争夺更多的权力以获得更大的安全。

国家在安全问题上的两难抉择，就是所谓的安全困境。安全困境是一个结构性观念，按照这种观念，国家追求自身安全的意图会增大其他国家的不安全感，因为每一方都把自己的行为解释为防御性，而把另一方的行为解释为可能的威胁。在这里，核心的问题是国家间的恐惧感和不信任感。在这样一种局面下，你方会对其他国家有现实的恐惧感，别国也会对其有同样的恐惧感。也许你方对别国根本无伤害之意，做的只是一些平常的事情，但你方无法使别国真正相信其意图。你方无法理解别国为什么会如此的神经质；反之亦然。在这种情况下，双方都以为对方是有敌意的，无理性的，都不肯作出可使大家都获得安全的保证。军备竞赛的不断升级，就是这种状态的产物。

现实主义认为在无政府状态下实现安全的途径主要有两种方式：一是以均势求安全；二是以霸权求安全。大多数现实主义者都认为，国家间制衡是实现国家间安全的基本手段。几个主要大国通过结盟、加强军备或削弱对手等手段使各力量之间处于均衡状态，以此来制衡威胁安全的对手。但现实中，各国力量是在不断发展变化的，均势安全状态是一种非常脆弱的稳定状态。而以美国芝加哥大学政治学教授约翰·米尔斯海默为代表的进攻性现实主义学派则主张以霸权求国家安全。他认为，在无政府状态下，"确保自己生存的最佳方式是成为体系中最强大的国家。一国的实力越是强于对手，对手攻击和威胁其生存的可能性就越小"。所以，实现安全的"理想的情况是成为体系中的霸主"。

针对"安全困境"，一些新现实主义者主张新的思维。这些人与以肯尼思·华尔兹为代表的新现实主义相比，对国际合作抱有更为乐观的态度。他们提出了以合作求安全的观点。例如，查尔斯·格拉泽阐释了以下几个理由：第一，国际关系的自助特点并不一定意味着国家会受制于可能导致战争的永久性竞争。在有些情况下，国家可能更喜欢合作，通过合作减少战争危险和不稳定，对国家是有特别利益的。第二，国家追求合作所谋求的未必是相对利益，大体相等的所得往往是最好的情况。第三，合作中的"欺骗"会产生危险，但竞争同样会产生危险。与其冒竞争的风险还不如冒合作的风险。

事实上，有一些新现实主义者认为通过更大的合作是可以改良"安全困境"的。巴瑞·布赞认为，20世纪80—90年代，国际关系中出现了一种成熟的无政府状态。在这种状态下，很多"成熟的"国家认识到，出于安全的理由，在为自己制定政策的时候，也应该考虑"邻居"的利益。这种认识表明国家已理解到安全是相互依赖的，过分强调"自我"的安全政策最终会导致失败。巴瑞·布赞认为，北欧国家就是通过一个"成熟的过程"把军事竞赛转化成了安全共同体。

对于安全合作，有些学者提出了进一步的设想，即使之制度化。罗伯特·杰维斯认为，安全困境不能消除，只能加以改良，途径是寻求一种方法，对国家间的权力斗争施加某种规范性限制，使相关国家组成安全体制。在这个体制中，各个国家认同一定的准则、规则、原则。这些规范性的东西可使加入其中的国家互惠互限。

现实主义理论对安全研究的主要贡献在于其提出了权力与安全的关系。国际政治的无政府状态决定了国家无法摆脱安全困境。在这种不安全的环境中，权力是确保国家生存与安全的最可靠手段。现实主义的缺陷是显而易见的，该理论把安全同主权国家联系在一起，将安全概念局限于军事层面，使其难以解释因经济全球化发展而出现的国际相互依存趋势。均势安全论完全没有涉及制度对安全的影响。

二、国际安全研究的自由主义范式

自由主义的国际安全研究开始于一战。人们在对战争灾难的反思中，探寻出一种新的维护国际安全的途径，即强调通过道义和法律途径来维护国际和平。这就是以美国总统威尔逊为代表的理想主义的观点。理想主义是自由主义发展的初级形式。理想主义以人性善为逻辑起点，认为战争之所以发生是国际社会的无政府状态所致，如果建立一个世界政府，国际上确立一个公共权威，各国的行为就会受到约束，国家间战争就不容易发生，国际安全就有了保证。由于建立世界政府需要长期努力才可能达到，所以可以通过建立集体安全体系来克服"安全困境"。所谓集体安全体系是指通过集体的力量来威慑或制止可能出现的侵略者和侵略行为，以此来保护每个国家安全的体系。集体安全观认为，安全是一种集体物品；在集体安全体系中，对一个国家的战争或战争威胁将被视为对所有国家的战争或战争威胁，它将受到其他所有成员集体的反对和惩罚，安全是通过所有成员国的集体行动来取得的；拥有一套强制性的安全机制，建立起一种行之有效的集体安全体系，就可以改变国家的政治行为，从而给成员国带来安全感。一战后，在威尔逊的极力倡导下，国际社会缔造了一个新的安全组织——国际联盟。但是理想主义者没能防止一场更大规模的世界战争的爆发，国际安全的现实使理想主义的国际安全思想陷入困境。

20世纪70年代，国际安全环境发生重大变化，一方面诸如经济安全、生态安全，以及恐怖主义和跨国犯罪等一系列全球性问题凸显，并日益成为各国安全的重大威胁，而要解决这些全球问题迫切需要国际安全合作；另一方面国家间相互依存的不断加深，以及各种非国家行为体的大量涌现，深刻地改变了国际关系的性质，使得国际安全合作也成为可能。在此背景下，美国学者罗伯特·基欧汉和约瑟夫·奈于1977年提出了"相互依存"概念，创立了新自由主义理论体系。新自由主义认为，随着国际的相互联系和相互依赖加强，国家间关系已不是孤立的，而是处于一种复合相互依存状态。在复合相互依存占主导地位的情况下，以军事问题为中心的国家安全越来越难以准确反映现实情况，很多安全问题单凭武力不能解决，只有加强国家间合作才有可能实现更大范围的国际安全。

理解复合相互依存政治中的国际安全合作，关键是国际制度。所谓国际制度，是指影响行为者期望的持久的互为联系的一组正式的或非正式的规则。国际制度一旦建立就对各国的行为产生约束力，并能提供信息，降低不确定性，使承诺更可信，有利于国家摆脱无政府状态下的"安全困境"。新自由主义者认为，尽管制度不能阻止战争的发生，但有助于减少对欺骗的恐惧，并能减轻因合作中所得不平等而产生的恐惧。所以，建立与健全国际制度是维护相互依存状态下国际安全的关键。

新自由制度主义者认为，在一个受到国家权力和不同利益制约的世界里，发展国家间的制度化的合作，可以为实现更大范围的国际安全提供机遇。罗伯特·基欧汉和莉萨·马丁指出，制度一般来说有利于进行互惠的操作，它能够提供信息，确定协调的焦点，降低交易成本，并且能使承诺更可信。总之，基于互惠基础运作的国际制度，至少是可持续之和平的重要组成部分。

在合作所得的问题上，新自由制度主义者认为，国家与其他国家合作时，确实是在意相对收益的，但它们会问两个问题：第一，在什么情况下相对收益问题才有意义？第二，当相对收益导致危险之时制度会有怎样的作用和影响？按照新自由制度主义的观点，相对收益的重要性是由两个因素构成的。一个是体系中主要行为体的数量。如果体系中只有两个利益冲突的国家，那么相对收益就极其重要，而且合作也极不容易。但是，如果体系中有若干力量大体相等的小国，那么国家的相对收益就不那么重要，因为它们有更多的机会用结盟的方式来保护自己。另一个是国家在军事事务上的取向是攻击性还是防御性。如果在安全关系中军事力量几乎不可能被用来解决争端，发生战争的可能性极小，那么有关相对收益的考虑就无关紧要，因为这种相对收益不会转变为军事优势。在这种情况下，国家间的安全合作就比较容易实现。

新自由制度主义者认为，为解决国家在相对收益问题上的不和，国际制度可以提供一个合作的框架。事实上，在任何可能的合作安排中，都存在着有关利益分配的多样的选择，可以满足国家的各种不同的偏好。通常，不同国家在不同问题上可能有不同的相对收益，一个国家在此问题上相对收益较多，另一个国家则可能在此问题上相对收益较少。通过制度的协调机制，国家可以通过交易与权衡而使整个合作达到一种稳定的状态。在这个过程中，制度可以提供有关其他国家的信息。如果其他国家得到了重要的和令人忧虑的相对收益，那么国家就可以得到警示，而且制度所确立的合作机制也可以提供降低这种不平衡的手段。

自由主义安全论弥补了现实主义片面强调国家和军事在国际安全中的作用的缺陷，更为关注经济因素，尤其是国际相互依存关系对国际安全的影响，提出了相互依存安全论，进而提出了国际制度安全论。自由主义安全论较好地揭示了国际相互依存趋势和国际制度的现象。然而，无论是现实主义还是自由主义均忽视了国际政治中的文化观念因素。

三、国际安全研究的建构主义范式

建构主义者认为，文化作为一种共有观念和公共现象，它是一个独立的变量，可以建构、规定和抑制行为者的行为。建构主义是以互动方的观念作为关注点，认为安全互动结构的属性取决于行为体相互存有怎样的观念。如果行为体间存在高度猜疑，总是对对方作出最坏的估计，那么它们就会形成相互感到威胁的关系，这就是所谓的"安全困境"。相反，如果行为体之间的共有知识使它们能够建立高度的信任，那么它们就会以和平的方式解决它们之间的问题，这就会形成所谓的安全共同体。按照建构主义的阐释，国际社会的特征最终取决于国家之间相互存有怎样的信念和期望。在安全认识上，建构主义者认为，安全或不安全都不是某种特定的客观物质权力关系，而是一种社会关系。行为者的安全取决于其角色身份，只有在确定了国家间的身份后，我们才能理解安全的意义。

在建构主义者看来，以国家为中心的国际安全体系既是物质结构，又是观念结构。国家的角色身份不同，国际体系的观念也就不同。建构主义将国际政治体系中的无政府文化分为三种，即"霍布斯文化""洛克文化"和"康德文化"，分别对应敌人、对手、朋友的角色关系。建构主义者认为，所谓的"安全困境"和"无政府状态"都是社会建构的产物。如果国家之间的共同期望使其具有高度的猜疑，使它们总是对对方作出最坏的估计，那么双方就会形成相互感到威胁的关系，从而形成所谓的"安全困境"。相反，如果国家之间的共有知识使它们能够建立高度的相互信任，那么它们就会以和平的方式解决彼此间的问题，就会形成所谓的安全共同体。国家可以通过社会实践活动来改变彼此间关系，从而改变国际社会无政府状态的性质，使国家的行为从"安全困境"中摆脱出来。建构主义者强调，最好的和平不是来自强权或霸权下的强制约束，也不是源于收益成本计算，而是来自国家间的互信和集体认同。

建构主义论则从社会文化层面对国际安全做了新的解释，建构主义超越了现实主义和自由主义安全理论的模式。建构主义认为，国际安全状态是由社会建构而成的。建构主义虽不否认物质力量的重要性和相互依存对战争的制约作用，但认为对国际关系起着关键作用的是观念、文化、认同和规范等因素。

在西方国际安全研究中，还形成了不少颇具影响力的理论，如霸权稳定论、集体安全论、"文明冲突论"和安全共同体理论等。需要指出的是，西方国际关系理论是建立在西方历史经验和文化基础上的，只是为我们认识和理解西方对外政策和国际安全观提供了一个观察视角。

第二章／国际政治背景下的国家安全

在国际政治背景下，国家安全总是相对其他国家或国际体系而言，自者的安全是通过同他者的安全关系界定的，总要涉及各种各样的互动关系。国家安全是一个动态的概念，其内涵随着时代的发展而不断扩展。在不同的历史时期，各国对安全有不同的认识，并追求不同的安全目标，采取不同的安全战略和手段。自主权民族国家诞生一直到冷战结束，传统安全观一直主导着人们对安全的认识，其基本内涵是指保卫国家领土完整、主权独立、不受侵犯。冷战结束后，随着全球性问题的出现和相互依赖程度加深，出现了国家主权、军事安全等传统安全以外的安全问题，这导致国际安全的概念、战略、政策都处在剧烈的变革之中。

第一节 维护国家安全的主要内容

国家安全是指以主权国家行为体为主要指涉对象的安全问题。在由主权国家组成的国际社会中，国家安全最根本的目的就是维护国家主权，使国家确保独立自主的地位，确保自身的生存与发展。为了实现这个目的，不同的国家在不同的时期可能会有不同的任务和追求。

从内涵上看，国家安全主要是指国家利益不受威胁、侵害和破坏的状态。国家安全的外延很广，既包括国内和国际两个层面，也涉及国家的军事、政治、经济、社会和生态环境等诸多领域。在不同的领域，国家面临不同的安全挑战，如国内安全主要指涉与国家内部要素和内部利益相关的安全问题，国际安全主要指涉与国家的国际利益相关的安全问题。国家的军事安全、政治安全、经济安全、社会安全和生态环境安全指涉和关注的安全问题也各有不同。

一、军事安全

军事安全主要是指一个国家的军事相关利益不受威胁的状态。具体而言，就是主权国家有效应对来自国家外部的战争威胁和军事入侵，确保国家领土、领空、领海等主权利益不受外敌的军事侵犯。领土、领空、领海等国家主权，是军事安全必须维护的核心。防止、应对来自外部的战争威胁和军事入侵，是一国军事安全必须履行的根本任务。军事安全的主要表现形式是国际军事斗争，军事安全的主要保障力量是国家军事力量。对军事安全而言，其核心问题是界定并应对军事领域内潜在的或显现出来的利益威胁。一个国家的主权利益受到外来军事入侵，或者其武装力量本身受到外来军事侵害，都会形成军事安全利益威胁。军事威胁的程度不一而足：从边境侵扰、惩罚性袭击，到领土占领和大规模入侵，再到影响国民生存的封锁或轰炸。军事威胁可能是直接的，也有可能是间接的。军事威胁的目标有可能是相对有限的，也有可能是庞大而宽泛的。这种威胁一旦产生，国家领导人就会将军事问题转化为安全问题，并作出相应的合法应对，从而实现军事问题的"安全化"。

由于涉及武力的使用，军事威胁是一种特殊类型的威胁，它与国家间政治、经济、社会方面正常的竞争性互动完全不同。由于武力的使用能够使他国迅速发生毁灭性的变化，人类在所有领域活动中所取得的所有成就，都有可能在武力面前灰飞烟灭。因而，军事威胁在传统的国家安全考量中居于核心位置。国家的主要职能之一就是建立军事力量防止这样的威胁变成现实。在有可能发生战争的情况下，国家维护安全的最重要目标依然是军事安全。军事行动能够威胁到国家的所有组成部分。没有军事安全，就没有其他层面的安全。

二、政治安全

政治安全主要是指一个国家在政治领域的安全利益不受威胁的状态，即国家政权的稳固和国家主权不受侵犯。从政治领域的内部要素来看，政治安全主要包括以下三个方面的内容：一是意识形态的健康和统一；二是政府行为的廉明与高效；三是国家主权不受外来干涉和侵犯。政治安全研究的核心问题是界定并应对政治领域出现的利益威胁。政治安全领域的利益威胁，主要是根据主权原则来界定的。如果国家的主权，即一国独立的统治权和管理权受到威胁或侵犯，那么这个国家就存在政治安全问题。有时候，政治威胁也根据意识形态来定义，如一国信仰某种意识形态的集团的执政权受到挑战，那么也可以说这个国家存在政治安全问题。政治领域的利益威胁还可能来自一些国家的制度化的集体主权让渡。例如，欧盟成员国将部分主权让渡给超国家的欧盟，如果这部分集体让渡的权利受到威胁，比如一体化进程的规范受到破坏，也同样影响到每个成员国的政治安全。

三、经济安全

经济安全主要是指一个国家在经济领域的利益不受威胁的状态。具体而言，就是一国的国民经济发展和国家经济实力处于不受根本威胁的状态。国民经济是国家物质基础的重要组成部分，但同时它也与国家主流意识形态以及国家的制度要素有着很强的联系。经济安全主要包括两个方面：一是指国内经济安全，即一国经济免于金融危机、失业、生态灾难、通货膨胀、大规模的贫困、商品不安全、外来人口冲击等而处于稳定、均衡和持续发展的正常状态。二是指国际经济安全，即一国经济发展所依赖的国外资源和市场的稳定与持续，免于供给中断或价格剧烈波动而产生的突然打击，以及一国散布于世界各地的市场和投资等商业利益不受威胁。

为了达到这种状态，国家既要保护、调节和控制国内市场，又要维护全球化的民族利益，参与国际经济谈判，实现国际经济合作。前者是在国内实现宏观经济目标，后者是在国际上参与国际经济协调，保证全球经济自由和有序。经济安全研究的核心问题是界定并应对经济领域的利益威胁。经济领域的利益威胁涵盖范围较广。国家的整体国民经济出现问题，即被视为重要的经济威胁。国家的金融市场出现剧烈波动，也被看作严重的经济威胁。国家的贸易不平衡、国内大量公司破产、国内合法市场秩序不健全、工人大量失业等，都可以视为经济安全问题。冷战结束后，经济安全问题越来越引起世界各国的高度重视。

四、社会安全

社会安全主要是指国家在社会领域的利益不受威胁的状态。社会安全以社会取代国家作为安全的指涉对象。社会安全是指一个社会在不断变换和存在潜在威胁的环境中，保持自身基本特性的能力。国家一般把社会变革控制在可以接受的范围之内，使其保持语言、文化、宗教、民族身份以及习俗传统的可持续性。对国内而言，社会安全意味着通过国家和社会救助保证国内居民免受可能遭遇的各种危险及意外，如疾病、失业、年老、工伤等威胁而处于安全状态。对国际社会而言，社会安全意味着一国的社会秩序、社会文化和居民生命财产等社会利益不受外来侵害而处于安全状态。社会安全的核心问题是界定并应对社会领域的利益威胁。一般来说，社会领域主要指不依靠国家公权力维系而能够独立存在和演化的集体活动领域，例如中国的家族体系、民间团体，西方国家的社团组织、宗教信仰团体等。在社会领域内，把人们凝聚在一起的力量是所谓的"集体认同"或"文化认同"。社会领域的安全威胁主要是指"认同危机"。如果一个群体的集体认同受到外来文化的剧烈冲击和破坏，就会被认为产生了社会威胁。认同危机可能在不知不觉中发生。例如，在不知不觉中逐渐接受一种新文化。从这个意义上讲，认同危机主要包含两个层次：一是认同缺失；二是认同变化。认同缺失是指一个群体发生了集体认同的丧失，原来的集体作为一个集体不复存在。这样就产生了真正的威胁，这是一种严重的社会安全问题，发生这种问题通常会导致严重的社会失序，继而引发社会动荡。认同变化是指一个群体总体上不缺乏集体认同，只是认同的对象从一个转变成了另一个。这种情况，有时候被界定为一种社会威胁，有时候被界定为一种社会进步。具体情况如何，取决于特定的历史条件。冷战结束后，社会安全越来越成为人们关注的重点，外来势力对社会秩序和居民生命财产现存的利益威胁也开始受到重视。

五、生态环境安全

生态环境安全主要是指生态环境领域的利益不受威胁的状态。对国际关系研究而言，生态环境问题涵盖由人类在生产和生活过程中无节制地、盲目地开发利用有限的自然资源，滥排滥放废弃物等行为所造成的、能产生国际影响的重大问题。所以，生态环境安全具体是指地球生态不受破坏，人类群体之间的关系变化对人类的生存和持续发展也不构成危险和威胁的状态。生态环境安全研究的核心问题是界定和应对环境领域的利益威胁。环境领域的利益威胁涵盖范围也很广。从国家整体生态系统的破坏和不可持续发展，到单一物种的灭绝，再到空气、海洋、河流、湖泊的污染等，都在环境威胁的范围之内。人类科学技术的进步固然极大促进了人类文明的前进，但由此带来的负效应也越来越多。核泄漏和核事故造成的生态和环境污染越来越多，诸如核电站泄漏、核废料掩埋、核污水排海等，都带来了巨大的环境风险。

第二节　国家安全观

国家安全观是对国家安全基本要素和基本问题的总体认识，属于主体认知范畴，具有明显的自我中心性。一个国家的安全观念总是在历史中形成，并随着安全环境的变化而变化。传统的国家安全观大都是以实力和对抗为基础的,主要用于应对来自敌对国家的威胁。但是,随着冷战的结束,世界的安全环境发生了巨大变化。一方面,经济全球化的深入发展,国家间相互依存的加深,使以核对抗为代表的传统安全威胁缓解。另一方面,恐怖主义、生态环境恶化、金融危机、资源短缺等非传统安全因素对国家安全的威胁日益加大。在这种情况下,传统的国家安全观的内涵不断变化和扩展。从传统国家安全观到非传统国家安全观,安全研究的领域不断拓宽,研究议题不断扩大。安全研究深受国际关系理论范式辩论的影响。正是因为有不同学派学者的不同安全观念,所以才形成了不同的研究范式。随着国际关系理论范式的转变,国家安全观经历了从现实主义到建构主义的历程。

一、现实主义主要安全观

从历史演进看,以不同形态出现的现实主义理论在安全研究中长期占据着支配地位,成为安全政治研究的主流范式。实际上,安全研究首先是伴随着现实主义学说的发展而发展的,因为现实主义所关注的中心问题就是国家的安全。它对安全研究的基本问题的回答深刻影响着人们的安全思维模式。现实主义学者提出权力安全观念,注重权力尤其是军事力量的作用。其原因在于对国际关系所作出的三个基本假定:一是国际体系具有无政府性,致使其成员的生存时刻受到威胁,这从根本上限制了国际合作。二是国际关系的主要行为体是国家,这意味着利益各不相同的国家在交往中必然产生矛盾和冲突,因此冲突和不安全是无政府状态下国际社会的基本特征。三是国家作为自私的行为体,以自己的国家利益作为其行为的最高准则,冲突的根本解决是不可能的。冲突的根本解决最终取决于国家实力，尤其是军事实力。所以争夺权力尤其是军事权力就成为国家安全面临的攸关问题。

由此可知，现实主义所设想的安全关系就是由主权国家构成的无政府状态，而这种状态的本质就是不安全。正如雷蒙·阿隆所说，就国家关系而言，政治是指国家在其他国家的存在所造成的可能威胁下的生存。[①] 基于这样的观念，现实主义认为国家存在的根本目标就是加强安全。国家需要在国际体系中保持自己的主权地位，保证自己的居民、领土和政权不受侵犯，保证自己能得到充足的生存资源，并持续保持自己的文化传统和价值观念。

按照现实主义的观点，国家能否实现安全，或者说能否消除别国的存在所带来的威胁，最终取决于国家相对其他国家而言的权力，而这种权力或能力的最重要体现就是国家的军事力量。因此，国家所要做的最重要的事，就是保持并发展自己的能力，特别是军事能力。这一职能构成了国家存在的最根本理由。霍布斯指出，国家的建立就是为了捍卫人民免遭外来者的侵略和彼此间的伤害。[②] 显然，如果国家不能履行维护安全的职责，那么它就不可能拥有所声称的合法性以及公众对它的忠诚。

对于现实主义者来说，暴力因素始终是安全关系中最重要的因素，其他因素只有在同军事因素的发展相关联时才是重要的。例如，强有力的经济力量是决定一个国家能够建立并维持强大军事能力的因素；地理环境是决定一个国家有多少可用于军事能力的自然资源，以及国家是否具有军事脆弱性的因素；政府形式是

[①] Raymond Aron, "Peace and War: A Theory of International Relations," translated by Richard Howard and Annette Barker Fox, Garden City, New York: Double Day, 1966, p. 6.

[②] Peter Mangold, "National Security and International Relations," London and New York: Routledge, 1990, pp. 1 – 2.

决定国家是否具有军事动员能力的因素；政治领导是决定国家能否适当与明智地使用军事力量的因素。总之，现实主义安全观所要回答的核心问题就是国家怎样使用军事力量，以及国家应怎样应对这种不安全的基本因素。

权力安全观认为，无政府状态下通过权力实现国家安全，主要有两种方式：一是通过权力均势实现安全；二是通过霸权实现安全。许多现实主义者认为，国家之间的力量均衡是实现国家安全的根本保证。力量均势的形成和维持依靠国家的经济实力和军事力量、发展联盟关系、审慎务实的外交，甚至是必要的有限战争。然而，均势安全是一种非常脆弱的状态。进攻性现实主义学者提出成为霸权是国家实现安全的理想状态，确保自己生存的最佳方式就是成为国际体系中最强大的国家。

古典现实主义是把权力视为国家的目的，新现实主义则认为权力是实现国家利益的工具，安全才是目的。如果追求更大的权力可能冒不安全的风险，国家就可能选择谈判而不是战争。对于新现实主义者来说，国际政治的特征并不是无休止的冲突与战争，在国家之间是存在着受制于安全竞争逻辑的有限合作的。对于安全合作，新现实主义关注的是相对收益问题。按照新现实主义的观点，国家在合作中最担心的是受到欺骗，以及他者通过欺骗获得更大的相对收益。例如，在军控问题上就可能发生这样的情况。如果在合作中一方进行欺骗，那么原有的力量平衡就可能被打破，从而使另一方处于危险的境地。在这里，各方都能从合作中获得的绝对收益并不重要，重要的是各方的相对收益。任何国家都担心他方从合作中收益更多，从而使自己处于不利的地位。由于国家无法确定他国的真正意图，因此国家之间只能处于一种持续的紧张状态。在这种情况下，国家为安全采取行动可以有两种选择：一是增强自己的力量；二是削弱自己的力量。国家增强自身力量如果对别国产生了威慑作用，使之减少了敌意，那就会使自己更安全；但如果产生了挑衅作用，使之增加了敌意，则会使自己更不安全。与此相类似，国家削弱自己的力量如果产生和解作用，使对方减少敌意，就会使自己更安全；相反，如果产生引诱作用，使对方增加敌意，那就会使自己更不安全。所以，不论国家采取何种战略，都要冒某种风险。国家在安全问题上的两难抉择，就是所谓的"安全困境"。"安全困境"是一个结构性观念，国家追求自身安全的意图会增加其他国家的不安全感，因为每一方都把自己的行为解释为防御性，而把另一方的行为解释为可能的威胁。[1] 安全困境核心的问题是国家间的恐惧感和不信任感。

针对"安全困境"，一些新现实主义者主张进行新的思维。查尔斯·格拉泽阐释了这样几个理由：第一，国际关系的自助特点并不一定意味着国家会受制于可能导致战争的永久性竞争，在有些情况下国家可能更喜欢合作，通过合作减少战争危险和不稳定，对国家是有特别利益的。第二，国家追求合作所谋求的未必是相对利益，大体相等的所得往往是最好的情况。第三，合作中的"欺骗"会产生危险，但竞争同样会产生危险。与其冒竞争的风险还不如冒合作的风险。[2] 实际上，20世纪90年代国际关系中出现了一种新情况，很多国家认识到，出于安全的理由，在为自己制定政策的时候也应该考虑"邻居"的利益。这种认识表明国家已理解到安全是相互依赖的，过分强调"自我"的安全政策最终会导致失败。

---

[1] John Baylis and Steve Smitheds., "The Globalization of World Politics," Oxford: Oxford University Press, 1998, p.197.

[2] Charles Glaser, "Realists as Optimists: Cooperation as Self–Help," International Security, Vol.19, No.3, 1994.

二、自由主义安全观

同现实主义相比，新自由主义对安全的认知是以跨国联系为出发点。自由主义学者代表人物罗伯特·基欧汉和约瑟夫·奈提出的"复合相互依赖"理论，认为随着经济的全球化与一体化，以及各国经济利益的日益融合，国家间的相互联系和相互依存会越来越深化。这种日益发展的相互依存，深刻地改变了国际关系的性质，使得在安全问题上的国际合作日益成为可能。新自由主义认为，在一个受到国家权力和不同利益制约的世界里，发展国家间的制度化合作，可以为实现更大范围的国际安全提供机遇。尽管制度不能阻止战争的发生，但有助于减少对欺骗的恐惧，并能减轻因合作中的不平等而产生的恐惧。国际制度成为复合相互依赖状态下实现国家安全的关键，认为国家通过制度合作，可以最大限度地保障自己的国家安全。这就是自由主义视角下的制度安全观。

罗伯特·基欧汉和约瑟夫·奈的制度安全观念，是以现实主义安全观念的批判者的身份出现的。在现实主义权力政治背景下，国际制度因素的作用显现出来。罗伯特·基欧汉和约瑟夫·奈关于制度安全观源于三个假定。首先，无政府状态是国际关系的基本特征，但是无政府不一定导致无秩序。其次，国家是国际社会中的理性行为体。正是因为国家的理性，它才考虑以合作方式解决冲突，以最小的代价换取最大的利益。最后，国家是自私的行为体，但自私不一定导致冲突。作为自私的、理性的国家首先考虑的是以最小的代价朝着有利于自己的方向去解决国家间的利益冲突，合作的方式很可能是效益较高的实现国家利益的方式。国际制度一旦建立就对各国行为产生约束力，并且它还能够提供信息，确定协调的焦点，降低交易成本，并且能使承诺更可信，有利于国家摆脱无政府状态下的"安全困境"。

三、建构主义安全观

以现实主义和自由主义为代表的理性主义国家安全观念长期占据主导地位。在理性主义者看来，"安全困境"是国家必然面临的残酷生存状态，是国际政治固有的事实。国际安全研究就是探求国家在"安全困境"下的生存。随着冷战的结束，现实主义者所描述的诸如"安全困境"、均势逻辑、自助体系等已不能如实地反映变化了的现实。现实主义和自由主义安全观日益受到建构主义安全观的挑战。

建构主义者认为，国家的安全形式和安全手段不是既定的和与生俱来的，而是在国际关系的实践中逐渐被建构起来的，国家安全的观念需要重构。建构主义的基本观点是，知识是通过人与人之间的交流互动、人与人之间的磋商与和解而形成的社会建构。社会建构的知识，反过来可以重构参与社会建构的个体行为体的知识和观念。共有知识会存在于行为体的观念中，从而引起行为体原先观念结构的变化和重构，形成对行为体观念的再建构。由于行为体的共识是通过社会互动建立起来的，共识对行为体集体观念的塑造也是在社会关系中形成的，所以通常称这种建构为"社会建构"。

建构主义者认为，国际社会中的国家，作为国际社会中的成员，彼此之间进行社会性交流和互动，会产生安全认识上的共识，即关于国家的安全文化。这些关于国家的安全文化，就是国际社会共享的国家安全观念。这种安全共识成为国家安全观念的一部分，塑造或者再造国家对自我安全和别国安全的判断与认知。这种安全共识一旦形成，就会有自我强化的趋势。它反过来建构参与安全互动的国家的安全身份认知，从而决定性地影响国家的安全利益和安全行为。所以，建构主义认为，国家安全主要是一种观念安全或认知安全。一方面，国家之间的安全互动可以建构国家之间的安全共识；另一方面，国家之间的安全共识又可以进一步建构国家的安全身份，决定国家的安全行为。从建构主义的角度看，世界的无政府状态不一定导致国家的不安全，国家是否安全关键要看国家之间的互动形式及其建构起来的安全共识。如果国家之间的安全共识是霍布斯文化，即互为敌人的社会共识，那么国家之间的情况就是无限制的战争与冲突，国家会陷入极度的不安全状态。如果国家之间的安全共识是洛克文化，即互相尊重对方的生存权，但又互为竞争对手的社会共识，那么国家之间的情况就是有限制地竞争与冲突，国家处于既不安全又不会担心被彻底消灭的状态。如果国家之间的安全共识是康德文化，即互相尊重对方的生存权而且互为朋友，那么国家之间的情况就是完全的友好与互助，国家会进入非常安全的状态。建构主义认为，消除敌意、解决安全困境的出路不在于霸权下的秩序，不在于工具理性主义下的利益核算，也不在于国际制度的外在约束，而在于长期良性互动实践基础上形成的集体身份，即温特所描绘的"安全共同体"。建构主义描绘的"安全共同体"的蓝图被许多学者认为是走出"安全困境"的理想途径。

第三节　国际安全战略

安全研究中的一个重要领域就是安全战略研究。对于国家来说，实现安全最终是要靠付诸行动，而行动就要涉及战略。战略就是指行为体调动一切力量与资源以实现既定目标的科学与艺术。从安全视角来看，一个国家的国际安全战略所涉及的内容包括国家所追求的国际目标、面对的主要安全挑战、维护安全的途径与手段等。

一、国际安全战略的概念

战略是战争的产物，是军事概念。人们认识和制定战略都是通过战争实践实现的。随着现代社会中政治、军事、经济互动日益密切，战略概念逐步扩展超越了军事领域。这种概念的扩展导致了一个新观念的产生，这就是所谓的大战略。作为概念的大战略，其核心不在于其手段，而在于其范围。所谓大战略就是国家协调各领域的政策，以减少其目标不一致的可能性。西方国家"大战略"通常指国家战略中有关安全的部分，即国家安全战略。美国学者柯林斯认为，国家战略可分为应对国际和国内问题的政治战略、经济战略以及军事战略等，每一种战略都直接或间接与国家安全相关，与安全有直接关系的各种战略汇集起来便构成大战略。[①] 国际战略概念的出现是"战略"的内涵和外延由军事领域向非军事领域不断扩展的结果，它包含了政治、经济、科技、军事、外交等方面的内容。

国际安全战略属于广义战略概念，具有战略的一般特征。第一，具有全局性。它所针对的是国家在对外关系领域内那些具有长期性和全局性的问题。第二，具有对抗性或竞争性。即使内涵

---

① John M. Cdlins, "Grand Smuegy: Prinaiples and Prautics," Amapslis, Maryland: New Institute Press, p. 14.

和外延不断扩大,战略仍然是实现既定目标的规划。战略是为了在对抗和竞争中谋得利益的筹划,而国际战略则是以参与国际竞争为出发点,并在国际竞争中使用国家力量以实现国家利益的策略。第三,具有相对稳定性。战略是关于某一问题或领域的全局性筹划,其必然要求要有相对稳定性和长期性。第四,具有前瞻性。前瞻性则要求制定战略时要有预见性,对一个较长时期的战略环境有一个正确的认识,对未来的发展趋势和走向作出正确的预判。

国际安全战略是一个完整的体系,有着相对稳定的结构。战略决策者对国家利益和安全威胁作出判断和评估,并依据战略资源确定战略目标,在此基础上制定实现战略目标的路径和手段,形成一个国家在某个时期的国际安全战略。从制定战略的程序的角度看,国家利益、安全威胁、战略目标、战略资源、实现战略的路径与手段等是构成国际安全战略的基本要素。它们之间的逻辑关系是:国家利益和安全威胁决定安全战略目标,战略目标必须与自身战略资源相匹配,战略资源提供达成目标的手段。由于国家处于相互依存的环境中,安全战略规划的复杂性在于不仅要考量自身的战略目标,还要预测他国的反应,因为他国的反应可能阻碍一国战略目标的实现。

二、国家利益

国家利益是国际安全战略的最高指导原则,是制定国际安全战略的动机和归宿。从根本上来说,国家利益是国家的地缘环境、历史传统、思想文化、社会心理以及意识形态等因素的综合产物。这种利益作为文明发展的产物,反映的是国家作为整体的需求。它可能是国家的主权、独立和领土完整,也可能是国家的社会制度与意识形态，也可能指人民的福祉与安康。

按照现实主义的观点，安全利益是被权力所界定的。在国家之间，权力斗争表现为一个国家拥有使另一个国家按照自己意愿行事的能力。现实主义的利益观说明了国家利益的冲突性。安全利益常常表现为权力受到威胁。新自由主义认为，由于相互依赖的各方会产生共同利益，因此合作便成了维护国家安全的一种必要方式。在军控领域、生态领域、反恐和打击跨国犯罪等领域，国家间的合作都有了成功的实践。事实证明，国家可以通过合作的方式谋求自己的安全，而且这种合作是不可避免的。

在现实的国际关系中，由于国家都是在复杂的国际环境中谋求满足自己复杂的需求，面对着冲突与合作的复杂选择，因此在利益问题上通常都会奉行两种模式的安全战略。根据不同标准，国家利益可以划分成不同层次：（1）生死攸关的利益与非重大利益；（2）一般利益与特定利益；（3）永久利益与可变利益。对国家利益进行层次划分，最重要的是确定生死攸关的利益。"生死攸关"意味着失去这种利益，国家就无法继续生存，这是国家无法妥协的利益。在安全互动中，无论是一个国家界定自己的利益，还是评估他国的利益，最重要的是判定什么是生死攸关的利益。这类利益矛盾很容易演变为对抗或战争，国家要非常谨慎地对待。

国家利益作为国家制定与实施安全战略的基础，其形成在现实中往往涉及复杂的情况。原因是国家利益既是客观存在的，也是主观判断的结果。客观是指每个国家都有其特定的利益，这些利益深深地植根于特定的文化、历史和地缘政治地位之中；主观是指国家利益往往是由战略决策者判断决定的，但是这种判断经常被错误的假定、政治思潮、利益集团所误导。面对国家内部各种不同的利益要求，国家利益最终可能是社会中各种利益互动的结果。这种结果取决于国内各种政治力量的较量，也取决于政治力量背后的各种经济力量以及其他社会力量的影响。作为全体国民的代表，国家声称所追求的国家利益，往往是社会各阶层、各集团利益的协调。

三、国家面临的安全威胁

国家所面对的安全问题是复杂和多样的。国家认识到的威胁不同，应对的战略也各不相同。要评估国家面临的威胁，就要探讨安全威胁是如何产生和演变的。实际上，国家任何一种不安全状态，都是一种互动关系的产物。这既涉及人类与自然的关系，也涉及国家与国家间的社会关系。人类所面临的各种自然灾害，体现的是人与自然的关系；而国家间的竞争、冲突和战争所导致的不安全，则体现了人与人的关系。

自主权国家体系形成以来，国家所面对的典型威胁是来自他国的军事威胁。国家间的安全关系是一种蕴含着冲突与战争危险的状态。作为政治实体的国家所面对的最主要的安全问题就是主权独立、领土完整所受到的外部军事威胁。国家把安全界定为保卫国家免受外来的颠覆和攻击。因此，传统安全观通常把安全等同于不存在军事威胁，军事安全成了国家安全的同义词。

冷战结束后，伴随着全球化进程的加速，国家面对的威胁来源和维护安全的模式发生了巨大变化。随着跨国网络的发展，国家不再能完全控制发生在自己领土边界之内的事情。尽管传统的国家间地缘冲突因素仍然存在，但军事安全以外的问题，特别是国家在金融、贸易、信息、发展、环境、健康、犯罪、恐怖主义、核武器扩散等领域的互动所导致的安全问题，受到了更多的关注。这些安全问题大体上可归纳为以下几类。

第一，国家间军事互动以外的其他安全问题。例如，2008年的全球性金融危机，国家在经济互动中所发生的货币战、贸易战、能源冲突等引发的安全问题。第二，由非国家行为体引发安全问题。例如，2001年的"9·11"事件、核扩散、恐怖主义、民族分离、跨国犯罪、网络攻击等问题。第三，自然灾害引发的安全问题。例如，2011年日本发生的"3·11"大地震不仅引发了毁灭性的自然灾害，更导致福岛第一核电站发生核泄漏事故，引起了国际社会的普遍担忧和周边国家民众的恐慌。类似的还有诸如地震、环境退化、传染病流行等问题。

总之，与传统安全相比，非传统安全不但涉及更加复杂的非国家行为体，而且涉及国家间政治军事互动之外更广泛的问题。在当代全球性联系日益密切的背景下，这些问题具有明显的跨国属性，在很大程度上属于全球性问题。这类问题需要通过国际合作或全球治理的途径来解决，迥异于传统安全的应对模式。进入21世纪之后，世界各国面临的非传统安全威胁呈现出复杂化、综合化的发展趋势。非传统安全威胁上升的现实悄然改变着各国的安全理念与生存环境，使得越来越多的国家将非传统安全置于国际安全战略的重要地位。

四、国际安全战略的手段

国际安全战略涉及传统安全与非传统安全的各个方面，涉及政治、军事、经济、文化、社会、生态等多个领域，同时这些领域是相互联系、相互影响的一个整体。国家维护安全必须选择适当路径和手段。一般来讲，国家应对传统安全威胁更多地需要依靠权力机制，因为政治、军事安全问题具有对抗属性，国际制度所能发挥的约束作用有限。与之相反，国家应对非传统安全威胁则需要更多地依靠制度机制，因为这类问题多属于全球性问题，解决这类问题需要在国家合作基础上建立全球治理的规范和机制。

针对传统安全问题，国家首要关注的问题是防范外部武力威胁。因为在传统安全问题上，国家在很大程度上仍然按照权力逻辑行事。按照实力政治的观点，国家间的权力竞争无处不在。尽管国际组织和国际规范的存在对国家行为有一定的制约作用，但并没有从根本上改变这一事实。国家不会放弃以武力作为维护安全的最终手段。国家安全目标与权力的大小相对应，安全战略是否成功最终取决于可供支配的国力和权力资源的强弱。一般情况下，国家综合使用防御、威慑、缓和外交和裁军等手段来应对传统安全威胁。

防御能使敌方的进攻无效。进攻的目的是削弱和破坏一个国家的政治意志；防御则尽力抵消其效果。如果侵略者事先知晓一国的防御能力很强，那该国的防御可以发挥威慑作用。防御背后的假设是，在一个敌对的世界里，国家随时面临被攻击的危险。如果进攻者认为他会取胜，发生战争的可能性就会很大，因为通过战争获得收益的可能性超过了战争的代价。防御战略的困难在于国家无法准确估算应该拥有多少防御力量才能确保国家安全。

威慑战略的基础是假设敌对的国家是理性的。如果代价超过了收益，理性的敌人不会发动攻击。威慑就是有能力让敌人付出代价并让其事先知晓，这样敌人就能够采取相应的行动。这种能力来自一国武装力量的规模、技能和武器装备。当一个国家在这些领域拥有突出的优势时，就可能把威慑作为保障国家安全的一种方式。威慑战略的困难在于威慑可信性。威慑战略真正发挥作用是在核时代，因为核战争根本没有胜利者。核武器使较弱的一方也能给对手施加无法接受的代价，从而阻止了攻击。

缓和外交是指敌对国家从剑拔弩张的紧张对抗状态中后退。缓和外交的条件是争议各方合作比冲突获益更多。谈判达成解决方案带来的收益可以超过付出的代价，各方发现缓和是一种更好的选择。面对威胁时，多数国家都会在防御和威慑的同时尝试缓和外交。如果缓和进程顺利，还可能导向裁军谈判，国家用更少的军备获得更多的安全。

和平主义者认为裁军是降低战争可能性的确定方式。裁军假设的前提是"军备导致了战争"。裁军倡导者认为战争是人类习得的行为，武器是战争行为以及整个军事思维方式的核心内容。武器制造者和使用者是战备的既得利益者，军备的存在创造了战争的可能性。一个国家所拥有的武器被其他国家看作威胁，因此其他国家开展军备竞争，军备竞赛导致了战争。裁军通过消灭战争期望和战争工具的方式阻止战争。人类将转向通过联合国的多边外交和国际法的方式解决争端，由此形成了裁军理论。裁军理论的弱点显而易见，因为武装起来的国家相对于解除武装的国家更具优势。国家解除武装会导致更大的不确定性和不安全，特别是在核时代。

进入21世纪，随着全球化深入发展，国家所面临的安全威胁性质发生了变化，不再单单是传统国家安全和国际安全问题。当前安全威胁来源具有全球性，既可能来自国家，也可能来自个人、恐怖组织、跨国犯罪集体和网络空间。外部军事威胁不再是国家的唯一潜在威胁，全球恐怖主义、移民、气候变化、环境污染、武器扩散、金融危机、流行性传染病、粮食短缺、贫困、有组织犯罪和网络犯罪都会威胁到国家安全。各种安全威胁都是跨国和跨区域性的，并且相互交织在一起。这些安全威胁的出现，需要人们以全新的视角和方法来认识和对待它们，传统的防御、威慑、缓和外交和裁军等国家安全战略已经不能解决这类问题，需要用一种新的视角去理解和把握新的安全环境及其特征,以新的观念和方式来应对。

全球化时代的安全、冲突的解决需要多方参与合作。任何一个国家、地区、集团都无力单独从根本上解决相互缠结的全球问题,即使是最强大的国家也必须与他国合作和妥协来解决全球安全问题。这迫切呼唤一种超越国家层面的新的观念和行动,非传统安全观应运而生。非传统国家安全观强调的是世界各国整体的全球安全,而不是特定国家的国家安全和国际安全。全球化使世界进一步联结成一个密不可分的整体,国家安全也随着各国相互依存的不断增强而变得更加依赖于国家间合作。传统安全的单一性、绝对性逐步被安全的整体性和关联性所取代。武力在解决国际争端上的作用有所减弱,安全的整体性和关联性表现为国家间的"非零和博弈",这呼吁建立新的规则和全球安全治理体系。全球安全治理的目的就是解决全球安全面临的不确定性、风险、危机和冲突等重要问题。全球安全治理实质上是超越国家安全战略,通过多元主体合作来供给全球安全公共产品。

第三章／国际安全体系

在国际政治中，行为体之间是相互作用、相互影响的。行为体间这种互动使国际关系形成一定的整体结构，这种整体结构就是国际体系。行为体参与各种形式不同的国际互动，都是基于某种目的或围绕某种问题领域而展开。国家围绕安全问题互动而形成整体就是国际安全体系。

第一节 国际安全体系概念与结构

国际安全体系是行为体围绕安全问题参与国际互动的舞台和环境，对行为体的行为具有重要影响。

一、国际安全体系的概念

国际体系是指各种国际行为体相互作用、相互影响而形成的统一整体。国际体系是由以国家为主的行为体构成的、具有自身结构特点和运动发展规律的有机整体。国际体系概念引导人们把世界看作一个整体，而不是一系列无关联的事件和问题。行为体参与各种形式不同的国际互动，都是基于某种目的或围绕某个问题领域而展开。正因为行为体的互动都是以"问题"为焦点，因此不同的体系才具有不同的意义。行为体所关注的问题构成了一个体系不同于其他体系的主要标志。对全球政治中任何一个体系进行界定，都要以它的参加者、参加者的行为，特别是作为行为中心的问题为依据。[1] 国家围绕安全问题互动而形成整体就是国际安全体系。

国际安全体系是指国际体系中的行为体以维护国家和国际和平、安全为目的所进行的互动，并形成特定行为规则和运行机制的一个整体。国际安全体系具有互动性和整体性两个关键特征。互动性指的是体系与单元以及各单元之间相互依存和相互制约的关系。只有各单元、体系和单元之间能相互联系、相互影响的整体才是体系。这意味着在一个体系内部，若其中一部分发生变化，其他组成部分也会相应改变。整体性则表明体系是一个不可分割的整体，而且体系在整体上的功能大于所有单元单纯相加的总和。在单元互动的基础上，行为体之间形成一定的力量结构，这一结构使得这些单元组成一个整体。国际安全体系不同力量结构是影响体系稳定与变迁的重要因素。

国际安全体系的概念反映着世界政治的发展与变化。国际安全体系始终是国际体系的核心内容和重要组成部分。安全是人类的基本需求，但在人类历史的大多数时期，不安全状态是一种常态。即使人们在主要基于安全考虑构建彼此制衡的国际体系时，也并未突出强调安全因素的存在，也没有将"安全"现象概念化。国际体系就等同于国际安全体系。冷战结束后，全球化以前所未有的势头席卷全球，各种跨国性问题纷繁复杂。从国家层面

---

[1] Donald E. Lampert, Lawrence S. Falkowski, Richard W. Mansbach, "Is there an International System?," International Studies Quarterly, Vol. 22, No. 1, March, 1978, p. 153.

来讲，由于每个行为体基于自己的利益，存在多个"问题"需要通过国际互动来解决，因此会以不同的互动构成不同的体系。多元问题存在导致多元体系出现。由于国家都是多个体系的参与者，而它们参与互动的国际问题存在各种联系与相关性，因此在不同体系之间就形成了复杂的相互联系，呈现为一种相交叠或交织的状态。伯顿指出，当代世界政治如此复杂，原因之一在于许多问题的体系是相互联系的，要么是因为参与的行为体相交叠，要么是因为它们所关注的问题相依存。[1] 如何认识当今世界复杂的体系网络，如何理解国际体系与国际安全体系的关系，就成为学界关注的问题。鉴于本书的研究主题，本研究把国际安全体系主要作为一个分析概念使用，但并不过分纠缠其与国际体系概念的差异。

二、国际安全体系的结构

国际安全体系的结构是由国际力量对比及其互动模式决定的。具体而言，国际安全体系结构指的是在一定历史时期内，世界舞台上起主导和支配作用的力量相互作用、相互制约而形成的相对稳定的态势。准确理解国际安全体系结构重点需要关注两个要素：一是国际安全体系中大国的数量及其实力对比；二是大国之间的战略关系。大国之间不同的战略关系可以改变世界体系的力量对比，使国际安全体系呈现出不同的结构和态势。

国际舞台上起主导和支配作用的力量称为"极"。"极"可以指一个国家，也可以指一个国家集团。"极"是以国家实力为

---

[1] J. W. Burton, Systems, States, "Diplomacy and Rules," New York: Cambridge University Press, 1968, pp. 8–9.

判断标准而产生出来的概念。大国或大国集团的实力对比和战略关系往往是决定国际安全体系的重要因素。大体上说，国际安全体系可以按"极"数目和关系的区别划分为单极体系、两极体系和多极体系。

（一）单极体系

单极体系是指体系中只存在一个主导性的权力中心，只有一个国家或集团发挥主导性影响，即能够凭借其占绝对优势的政治、经济、军事和文化实力发挥决定性影响力。这个占据主导地位的国家往往被称为霸权国，可以说单极体系实质上是由一个霸权国家领导和统治的体系。一般来讲，构成单极体系的霸权国家可使某些国家自愿"搭车"，或迫使别国屈从霸权国家意志，服从霸权国的战略。由于缺失足够的制约力量，单极体系中的霸权国家经常推行霸权政策，损害别国的主权与利益，威胁国际体系的稳定。

（二）两极体系

两极体系则是由两个占主导地位的国家或强大的竞争性联盟集团组成的体系。在两极体系下，只有两个超级大国或国家联盟占据绝大多数权力，且相互处于竞争和对抗的状态。最有代表性的两极体系是二战后建立的雅尔塔体系。以美苏两个超级大国为核心的东西方两大阵营在权力、制度和意识形态方面展开了竞争和冷战，形成了以两个军事同盟和两个世界市场为特征，社会制度与意识形态完全不同、相互对峙的两极体系。在两极体系下，世界虽然保持了核恐怖下的和平，但局部战争和冷战始终威胁着国际安全体系。

（三）多极体系

多极体系是指三个或三个以上国家主导的国际安全体系。在多极体系下，大国之间的权力大致均衡，没有任何大国或集团能主导其中的其他行为体。1815年后建立的维也纳体系被视为较为典型的多极体系。多极体系的特点是，国际关系由多个大国主导而形成的大体势力均衡的力量结构。这种力量对比往往在大的战争结束后确立，通过签订国际条约确定力量对比和国际关系准则，缔约后允许战败者重新回到国际安全体系。这种相对力量均势的国际安全体系，往往由于各国各自从本国安全与利益出发制定军事政策和外交政策，因此经常发生相互冲突与危机。为寻求对他国的军事优势，一些国家往往寻求结盟，并向集团政治体制转变。历史证明，多极体系本身虽有各主要国家相互制衡的作用，但缺乏权威机构的协调和国际法原则的约束，大国之间的力量均势结构并不能保证国际安全体系的稳定。

三、国际安全体系的变革

体系一般是指若干有关事物相互联系而构成的一个整体。国际安全体系具备三个要素：第一，体系由多种实体构成，国际安全体系的主要实体或行为体是国家，国际安全体系的特征在很大程度上取决于国家行为体的类型。第二，体系的诸要素间存在各种类型的规则互动，互动性质、规律和程度因国际体系的不同而不同。互动可以是武装冲突，也可以是经济和文化相互依赖，国家间外交、经济、军事和其他关系的共同作用推动了国际安全体系的运转。第三，国际安全体系具有正式或非正式的制度与规范。国家间关系具有高度的秩序性，体系可以对国家行为进行控制和调整，控制机制包括大国权力结构、威望、国际法和国际规则以及世界经济。

根据上述界定，国际安全体系的变革体现在上述三个要素的变化，即体系单位变更、结构变革和规范变化。第一类变革是指当构成国际安全体系的单位性质发生变化时，如中世纪封建国家转变为现代民族国家时，体系的根本特征就出现了变化。第二类变革是指国际安全体系力量结构的变化，经常表现为霸权的兴衰与体系主导权的更替。第三类变革是互动关系变化，主要是指体系内部政治、经济、社会文化等各种互动关系和进程的变化，表现为体系内各种正式或非正式规范和制度的变化。

第二节　国际安全体系的演变

国际安全体系的发展变化与国际体系相伴相随。在探究当代国际安全问题之前，有必要对国际安全体系的历史加以追溯，这一历史考察将为当代国际安全问题的理解和分析奠定基础。国际安全体系一般形成于大规模战争或重大历史事件之后，反映战胜国的利益与要求和主要战胜国的政治主张，通过召开国际会议，确定力量对比和利益的划分，确认领土变化后的新国家的主体地位，以签订国际条约的形式确定大国关系的变化和国际关系准则。

一、威斯特伐利亚体系

欧洲的威斯特伐利亚体系是第一个具有现代意义的国际体

系。1618—1648年，欧洲发生了三十年战争，战后有关各方签署《威斯特伐利亚和约》（以下简称《和约》）。《和约》确立了以民族君主国为国际关系的主要行为体和国家主权原则。这意味着以法律的形式确认国家在其边界范围内拥有最高权威，否认了教会高于国家的权威，打破了长期存在的罗马教皇神权统治。《和约》确立的国家主权、领土与独立规范成为现代国际关系的基本原则，促进了国际法的诞生，并开启了国与国之间互派外交使团的活动进程，现代国际体系由此诞生。

国际体系单位的性质出现了重大变化，教会权威被国家权威替代，出现了基于主权和领土规范的民族国家。体系中主要国家力量对比发生了变化，力量分散的欧洲变成了以法国、英国、荷兰、俄罗斯、丹麦以及北德意志诸侯国等数个大国为核心的多极欧洲。体系的互动规范也发生了重大变化，主权原则和国际法成为体系行为体之间互动的根本行为规范。威斯特伐利亚体系的诞生具有里程碑意义。尽管这个体系仅仅局限于欧洲，但其确定的主权原则成为现代国家体系的基础。

二、维也纳体系

1815年，以英国为首的反法联盟打败拿破仑帝国后，建立了欧洲维也纳体系。维也纳体系的主要特色是，欧洲以"大国协调"方式共同主宰欧洲事务，开创了以"会议外交"方式在和平时期解决国际问题的先例。

维也纳体系是现代主权国家体系建立以来形成的一个有代表性的安排，它的形成包含了体系变革和互动关系变化。由于体系单位并没有发生性质上的变化，仍然是由民族国家组成，因此维也纳体系仍然延续了威斯特伐利亚体系的单元特征。与威斯特伐利亚相比，维也纳体系主要体现为权力结构和互动规范的变化。维也纳会议后，欧洲大国力量对比发生了变化，英国、法国、俄罗斯、普鲁士、奥地利等国成为体系主要力量，它们形成了新的多极均势体系，主导力量的变化导致了体系结构变革。欧洲协调以共同条约为基本原则、以集体安全为体系保障、以磋商维护体系运行，体现了大国互动模式和互动规范的变化。1871 年，德意志的统一严重危及欧洲均势，但在俾斯麦编织的一系列纷繁复杂的同盟条约下，欧洲均势勉强被维持下来。

三、凡尔赛—华盛顿体系

一战爆发，维也纳体系彻底瓦解。就整体而言，直到 19 世纪末，世界是一致割裂的，绝大多数国家没有参与国际互动。凡尔赛—华盛顿体系是第一个真正意义上的全球性体系。这一体系最主要的特色是建立了世界上第一个解决国际争端的国际组织——国际联盟，使国际会议制度化。尽管它最终未能完成预想的使命，但将人类试图消灭战争的期望转化为一种安全制度，并为后来的联合国提供了宝贵的经验与教训。凡尔赛—华盛顿体系的另一项重要内容是确立了亚太地区的秩序，欧洲以外的日本和美国以大国姿态跃上国际舞台，形成了一个"脆弱的多极"。

从体系变革视角看，体系仍然是由民族国家组成的整体。体系变化表现为：一是主权规范的扩展。国际关系中的民族国家行为体增多，主权、领土规范和国际法规范逐步扩散和加强。二是国际力量结构发生重大变化。欧洲列强主导的均势体系发生了根本性变化。欧洲列强整体衰落，美国崛起为综合实力最强的国家，成为影响国际体系的重要力量。在欧洲以外，出现了北美和东亚两个区域性体系，对全球力量结构产生了重大影响。三是体系互动规范和动力因素出现了变化。在体系互动规范方面,美国总统威尔逊提出的"十四点计划",列宁提出的废除秘密外交和民族自决原则等,都对体系变革产生了重大影响。废除秘密外交、民族平等、民族自决、公海航行自由、贸易自由、建立国际联盟等理念和政策主张,都成为后来国家之间互动的重要规范。

由于凡尔赛—华盛顿体系建立在对战败国的惩罚基础上,因此其是个极不稳定的体系,蕴藏着深刻的危机。在这个体系中,既有战胜国与战败国之间的尖锐矛盾,也有英法之间维持欧洲均势的分歧,以及美国和日本在太平洋地区的对立。在1929年经济大萧条冲击下,德国、意大利、日本先后建立了法西斯独裁政权。1939年9月德国进攻波兰,通过战争手段推翻了凡尔赛—华盛顿体系。

四、雅尔塔体系

二战是人类历史上破坏力最严重的世界性战争,这场战争彻底改变了国际力量对比。为彻底清算法西斯势力,建立持久和平的战后秩序,1945年雅尔塔会议上,美国、苏联、英国三国就处理战败国、建立联合国集体安全机制、战后欧洲和远东安排等达成一致,确立了雅尔塔体系。

《雅尔塔协定》有美苏合作维护国际和平与秩序,以及划分双方势力范围的双重特征,为后来两极体系的形成奠定了基础。随着1947年冷战爆发,以美苏为首的两大军事集团展开了以军备竞赛、经济竞争和意识形态对立为主要内容的全面较量。美苏两国拥有超强经济、军事和政治实力,几乎主导和支配全部国际事务,形成了两极对抗体系。由于核武器的出现,美苏两国逐步意识到核战争没有胜利者,双方在"确保相互摧毁"概念上达成共识。美苏形成了以核威慑为中心的战略稳定。在整个冷战时期，美苏实力和战略在不同阶段有所变化和调整，其他国际力量也出现了不同程度的分化与组合，但是雅尔塔体系下的两极对抗和美苏争霸的实质没有改变。

从体系变革视角观察，雅尔塔体系是在延续与变革中继续发展，其现代性和制度性进步明显。第一，现代主权国家体系极大扩展。这表现为主权国家的显著增多，战后大批亚非拉殖民地和半殖民地国家相继独立，建立了现代民族国家。主权、领土、国际法成为体系中普遍接受和遵循的规范，主权国家成为了国际体系中主要的行为体。第二，体系力量结构发生巨大变化。以欧洲列强主导的多极均势体系彻底结束，美苏成为世界超级大国，两极体系成为国际体系的主导结构。第三，《联合国宪章》所确立的国际关系基本准则，成为重要的国际规范。以联合国为代表的具有普遍性的国际政治、安全和经济制度逐步建立。随着各国相互依存的程度加深，国际规范和制度规则逐步被主权国家接受，行为体的互动模式发生显著变化。

五、后冷战时期的国际安全体系转型

随着冷战结束和苏联解体，世界进入一个新的历史时期。经济全球化和区域一体化蓬勃发展，各国相互依赖日益加深，政治、经济和社会文化等领域的交流与互动频繁。与此同时，环境污染、金融危机、恐怖主义、跨国犯罪等非传统安全威胁大量涌现。体系中的行为主体、权力结构和互动规范均处于变化之中，体系转型趋势明显。

首先，国际行为体呈现日益多元化的趋势。区域性国际组织、非政府组织、跨国企业都成为体系中活跃的行为体，在全球

治理中发挥着日益重要的作用，国际政治呈现出"碎片化"趋势。随着世界权力的不断流散，非国家行为体的影响力明显上升。从体系单元方面观察，虽然民族国家仍然是体系中的主要行为体，但是以欧盟为代表的超国家行为体已经出现。欧盟成员是独立的主权国家，它们集中行使主权获得了独特的影响力。在塑造国际规范、推动全球治理、维护国际秩序方面，欧盟发挥了重要作用。尽管面临一系列内外挑战，但欧盟作为一个特殊的行为体对体系单元的性质产生了深远影响。

其次，国际力量结构发生巨大变化。进入21世纪以来，新兴经济体的经济增速远高于发达国家和全球经济平均增速。随着新兴经济体在世界经济中影响力的增加，新兴国家进入了全球治理体系的核心。虽然美国作为世界上唯一超级大国的地位没有发生根本改变，德国、日本等西方主要国家仍然是国际体系中的强国，但是以金砖国家为代表的新兴经济体整体崛起，成为体系中的重要力量，深刻改变了国际力量结构。

最后，在体系互动规范方面，后现代思潮对国际互动影响显著。在国际规范方面，生态环境保护、绿色能源、可持续发展等逐步成为国际社会普遍接受的规范，打击跨国犯罪、恐怖主义、网络安全、全球公共卫生安全等成为重要的安全议程。在2009年底哥本哈根世界气候大会后，气候变化成为最重要的非传统安全议程之一，主要经济体在节能减排、能源转型和可持续发展等方面面临国际道义压力。这些规范被视为建立新体系与秩序的基础与核心原则。

第三节　国际安全体系变迁特点

国际安全体系在主权国家持续互动中向前发展。在行为体持续互动进程中，国际安全体系本质特征并没有发生改变，主权国家仍然是体系中最重要的行为体，主权和领土规范仍然是体系的根本规范，现代国际安全体系仍然在冲突中向前发展。

一、国际安全体系的进化

自1648年以来，国际安全体系不断发展扩大。国际安全体系的进化主要表现为体系成员的增加和体系界限的扩大，从欧洲国际安全体系扩展为全球国际安全体系；主权国家这一体系内政治单元的性质得到确认并进一步巩固；主权和领土规范成为各国广泛认同的根本规范；主权国家在互动中逐渐发展出交往原则，国际秩序逐步形成。

国际安全体系是主权国家持续互动的结果。近代意义上的民族国家在自身形成的同时，国与国之间的领土边界、主权平等、外交往来等都以明确的方式规定下来，现代意义上的国际安全体系由此形成。民族主权国家的关系构成了自威斯特伐利亚和会以来国际政治的基本内容。几百年来，现代国际安全体系经历了数次重大转变，表现出多极、两极、单极等不同的体系形式。国际安全体系不同的建立过程、不同的实力体系和制度安排，以及对战败国的不同处理方式，导致体系完全不同的发展方向和结果。从宏观历史视角看，国际安全体系变迁孕育并推动革新，使国际社会不断向前发展。每次体系变更都不是孤立的简单重复，而是建立在吸取之前体系失败教训的基础上，正如联合国建立在国际联盟失败教训的基础之上。

在主权国家出现后，国家间竞争成为一种最为普遍的基本状态。这是由国家的基本属性主权所决定的，国家为了生存与发展，与他国间的竞争不可避免。在欧洲民族国家兴起过程中，它们之间的竞争从未停止。为了在竞争中快速战胜对手，欧洲列强从19世纪后期开始加快它们在世界各地的扩张活动。在这个时期，工业革命使得欧洲列强海外殖民和扩张的成本降低、效益增大。欧洲列强的殖民扩张使亚洲、非洲、拉美地区的诸多国家被强迫卷入国际竞争机制。在列强方面，各国争先恐后地扩大自己在海外的市场和原料供给地，掠夺殖民地与势力范围。在被殖民的亚非拉地区，它们的首要目标就是努力摆脱被压迫被奴役的地位，建立自己的民族主权国家。这种生存竞争的最高形式就是逐步形成的民族解放运动。两次世界大战之后，国际安全体系结构虽然发生了变化，但是国家间竞争并未停止。冷战时期，两个超级大国美国与苏联的核武器竞赛使国际竞争达到顶峰。在此过程中，一方面，欧洲民族国家、殖民地、半殖民地、封建国家均被卷入其中，它们在政治、军事、经济和社会生活等各个层面形成密切联系，造成了不同社会制度和不同文明间的冲突与碰撞。另一方面，主权和领土规范在互动过程中得到了广泛认同。随着各国民族意识的形成及逐步强化，殖民体系走向瓦解，以主权国家为单位的体系规模大大扩展，并在不同地区形成带有普遍现代性和地区特征的区域体系，全球国际安全体系逐步形成。

二、国家实力变化是国际安全体系变迁的主要动因

国际安全体系结构单元的实力变化是体系变迁的主要动因。主权国家作为国际社会的重要行为体，彼此间通过或明或暗的互动行为，借助确定的互动事件在特定的时间和空间范围内，形成复杂多样的权力关系，构建起以权力为中心的具有一定层次安排与结构功能的国际安全体系。体系结构单元的实力规模处于不断发展和变化的进程之中，实力改变促进体系权力模式调整，体系权力模式的变迁反映国际社会动态发展过程。

国际安全体系实质上是以权力大国和支配大国为核心、由国际制度和国际机构联系起来的民族国家体系。民族国家既是国际安全体系重要的结构单元，也是国际社会中具有独立政治地位、享有参与和解决国际事务最高权力的理性行为体，民族国家的实力条件决定了自身在国际安全体系中选做合适的角色，确定在权力模式中的层次位置。现实国际社会中，每一个民族国家都会进行理性的权力分析和权力比较，在充分进行绝对利益评估和相对利益比较的基础上，确定符合本国利益最大化的权力政策。民族国家无论是采取认同和维持现状政策还是实施颠覆现状政策，都必然与其他国家通过权力合作、权力让渡或者是权力重组、权力竞争等行为互动的方式得以实现。

民族国家之间的权力博弈与权力竞争一直贯穿在国际安全体系变迁的历史进程当中，是促进国际安全体系变迁的重要动力。国际安全体系权力模式的变动和调整是体系变迁的前提条件。权力博弈现象与体系的生成、存续和变迁进程相伴相随，权力博弈和权力竞争往往表征国家之间的实力对比关系，也是确定施动地位与被动地位的主要现象和衡量标准。权力博弈是民族国家寻求

在发展利益、拓展权力内涵过程中与他国之间不可避免的关系。

三、国际安全体系和平变迁是国际政治的根本问题

战争是国际安全体系转变的主要方式。几百年来，体系变更的战争往往呈现固定模式，即以谋求霸权的挑战国为一方，以维持体系稳定的反霸同盟为另一方。战争的结束则宣告体系转变的完成，胜利方的主导国成为新的霸权。1648年，欧洲历经三十年战争，从根本上改变了国家行为体的性质，实现了国际行为体从前现代到现代的重大变化。此后，拿破仑战争催生了维也纳体系，一战建立了凡尔赛—华盛顿体系，二战建立了雅尔塔体系，战争似乎成为过去几百年国际安全体系变迁的主要方式。因此，如何实现体系和平变迁就成为了世界政治的根本性问题。人类如何在既定的体系内创设制度和规则，以降低战争的可能性，尤其是在核武器出现之后，这个问题变得更为紧迫。值得注意的是，在人类不断爆发战争的同时，国家谋求合作的努力也是显而易见的。这是因为国家间的相互依赖是国际关系中明显的趋势，相互依存的需要促使各国寻求新的合作方式。人类追求和平与稳定的愿望始终没有改变。无论是国际规范的发展，还是国际制度的完善，都反映出人类对国际和平与安全的追求。

（一）国际规范的发展

国际规范的作用表现为规范在政治变革过程中的作用，这种作用既包括规范自身的变化，也包括规范的变化对国际政治生活带来的变化。正是以国际价值规范为基础，有关国家才会自认在相互关系中被一套共同的观念约束，并且协同参与使这些规范得以运行的共同机制，从而形成或维持一个国家社会。国际规范不

是凭空产生，而是行动者在实践活动中积极创造的价值观念。尽管有国际和平运动等社会力量的参与，但主权国家凭借其强大的资源，成为国际规范最有力的推动者。主权国家在世界范围内的影响力保证了其创建和传播国际规范的主导地位。在一个地区，若有许多国家接受新规范后，会对未接受新规范的国家产生压力，进而推动该地区其他国家接受规范，学界称这一过程为国际规范的社会化。

国际安全体系中的新观念往往产生于世界性历史事件。如世界大战或者经济大萧条时期，侵略者或经济萧条的一方原有的规范或观念衰颓，为新规范的产生提供了空间。21世纪以来特别是2008年全球金融危机后，国际秩序发生了明显变化，为新国际规范建立提供了机遇。全球安全治理、人类命运共同体、文明的多样性、新型大国关系等诸多新观念已经出现。这能否成为普遍的国际规范取决于各国的价值判断与战略选择，但至少为体系和平变迁提供了观念上的可能。

（二）国际制度的作用

国际制度是在国际社会成员不断增加、行为体之间互动关系日益复杂、国际社会持续扩容和国际安全体系日渐完善的基础上出现的一种制度安排。国际制度以各国通过条约或者是协议的方式，成立国际组织并对组织成员设定相关的权利和义务，以合作与外交努力的方式解决有关政治、经济、国际安全及全球环境保护方面等相关国际事务，对成员国制定的交往规则与行为规范。

国际制度的特点决定了它具有解决国际争端、协调国际关系、促成国际合作的积极作用。国际制度的重要性在于：制度和进程为政府和其他行为体提供信息。在国家间合作中由于"囚徒困境"的存在以及环境的不确定性，国家间的安全合作是极其困难的。国际制度可以提高行为体获取信息和适应环境及其变化的能力，可以减少成员之间因为误解而出现的不安全感，增进相互之间因为沟通而产生的信任感，减少冲突的可能。国际制度的存在可以使国际社会按照有序的方式运行，有助于秩序稳定，为互动关系提供基础和框架。国际制度是国际社会成员认可的行为准则。它拥有自己的生命和逻辑，可以重塑或者限制国家的行为和观念。国际制度在赋予成员国权利的同时，也规定了相应的义务和责任，甚至明确规定了某些强制执行和惩戒措施。遵守国际制度的国家会拥有良好的声誉和广泛的合作伙伴，而违反国际制度的国家则会遭到国际社会成员的同声谴责甚至报复。国际制度的约束机制和惩罚的功能，至少可以减少行为者的机会主义倾向，促进国际合作的进步与稳定。

国际制度的出现是一种历史的进步，是构建国际秩序的基础和依据。事实上，自从主权国家体系出现以来，人类一直致力于建立某种秩序化的国际社会。国际秩序的形成，从一定意义上讲就是各方妥协和互动的结果。而唯一能促使各国在互动中逐步达成妥协的，只能是相对合理、能为绝大多数国家所认同和接受的国际制度。国际秩序的建立正是以国际制度的形成为标志的。1648年威斯特伐利亚和会就是一种典型的国际制度形式。它标志着第一个国家间相互承认主权的现代国际秩序形成。此后，维也纳会议建立的"欧洲协调"、一战后的国际联盟、二战后的联合国，无一不是如此。后冷战时代，国际安全体系的转型与国际秩序的重构仍然需要借助国际制度的形式来进行。国际制度是国家间合作的桥梁，为未来国际安全体系和平变迁提供了可能。

第四章/集体安全机制

自从民族国家诞生以来，国家间的冲突与战争不断。长期以来，人们一直寻求如何避免战争实现和平的方法。20世纪两次世界大战的严重后果，催生了集体安全机制。集体安全是人类试图超越国家自助，通过国际安全求得国家安全思想的重要尝试。二战后集体安全思想的演进以及联合国集体安全机制的发展，都试图在国际社会中倡导通过整体安全求得个体安全的国际关系规范，并为此建立了制度保障，相当程度地增加了国际秩序的稳定性和可预见性，符合世界政治发展的制度化要求。联合国七十余年来的实践也证明，它在促进国际安全合作和培育国际秩序观念方面发挥了重要作用，为国际社会的和平与安全作出了重要贡献。联合国集体安全机制由于无法摆脱其内在固有的局限性，缺乏集体安全运行的理想条件，尚不能完全承载人类和平的期望。但总体上，联合国集体安全机制仍然依据制度的合法性、充分性和有效性三大原则不断完善，以适应全球化世界安全形势的发展要求。

第一节 集体安全思想的确立

在无政府状态下，和平与安全是国际政治的基本概念和价值，也是人类和各国永恒的追求。由于国家之上并没有建立一个像利维坦这样的公共权威，各国均自助地追求权力最大化和相对收益来确保本国安全，便形成了难以解决的安全困境。为了缓解无政府状态，解决安全困境，历史上许多著名学者提出了解决方案，其中集体安全是最具代表性的一种理想途径。集体安全是一种各国承诺联合成压倒性力量对体系内潜在的侵略者进行威慑和打击的合作方式。

一、集体安全思想的产生和发展

一战的灾难使国际社会认识到，国家自助或结盟等方式不足以保障国家安全，设想建立一种以集体的力量威慑或制止其内部可能出现侵略的国际安全保障机制。集体安全保障是一种从整体角度防止或控制战争的国际制度，主要表现在各国共同约定，以暴力改变现状为非法并将受到外交、经济甚至军事等方面的集体制裁，其实施是以各国义务为基础的。[①] 集体安全要求各国共享安全、共担风险，以国际社会的整体安全求得各国自身的安全。集体安全思想是随着近代民族国家间战争规模的不断扩大而逐渐发展起来的。从该思想形成的历史来看，伴随近代民族国家的产

---

① 梁西：《梁著国际组织法》（第6版），武汉大学出版社2011年版，第183页。

生而出现的国际法,其最终目的是寻求国际和平,尽量减少战争的破坏,通过建立一套能够在国家关系中带来理性和秩序的裁决机制,以和平方式解决国家之间的争端。

1648年,欧洲在"三十年战争"之后建立的威斯特伐利亚体系开创了通过国际会议的形式解决国际争端、结束国际战争的先例。该体系创立并确认了国际法的缔约国必须遵守条约,违约国应被视为和平的破坏者,其他缔约国对违约国可以进行集体制裁的原则。这一原则可被视为集体安全思想的萌芽。19世纪初,拿破仑战争后建立的维也纳体系开始用"会议外交"的方法,通过英国、法国、俄国、奥地利和普鲁士五大国定期举行国际会议,对列强各自的利益和矛盾进行仲裁与协商解决,从而保持欧洲和平与均势。这是一种新的大国合作机制,即希望通过大国协调来避免战争。这种大国协调的机制也可视为集体主导欧洲安全思想的延伸。20世纪初,列强在世界范围内争夺殖民地和世界霸权导致欧洲协调崩溃,最终导致一战的爆发。

二、国际联盟与集体安全机制

一战的极端残酷性使各国的和平主义和反战运动盛行,民众要求和平的呼声高涨。1918年1月8日,美国总统伍德罗·威尔逊在参议院发表"世界和平纲领"演讲,即"十四点计划"。主要强调下列目标的实现:公开外交、公海航行自由、贸易自由、全面裁军、公正处理殖民地争议、民族自决以及建立国际联盟等。该计划的核心是成立一个具有普遍性的国际联盟,作为维持战后和平的机构,以集体安全为手段来保证各国的政治独立和领土完整。此后,威尔逊又对"十四点计划"进行了补充、完善,形成了被称为理想主义的威尔逊主义。威尔逊主义并不是一个逻辑严密的理论体系，而主要是一些愿望、信念和规范，以及由此重建国际秩序的构想。其主要观点包括以下几点。

第一，道德应当是一切外交政策的起点。道德至上是威尔逊主义的理论基础，他强调道德的普世性。他认为人类社会的战争根源是可以被转变的，人可以通过教化在很大程度上自我提升，人类理性可以战胜邪恶，人类社会可以将借此走向和平共存。

第二，强调国际联盟及其集体安全机制是世界免于战争的根本保证。威尔逊认为国际政治与国内政治一样，可以用法律和制度来限制武力的使用。国家政府应将宣战权交给多边组织，武力的使用必须得到多边的同意或授权。他主张通过建立超国家的机构，建立普遍集体安全机制，权力将服从道德和民意。他主张尊重国际规范，在它的监督保障下，加强国际合作，保障国际秩序，进而实现永久和平。

第三，欧洲实行的均势政策不能带来和平。威尔逊认为国际秩序不应再建立在均势基础之上，而应以民族自决为基础。各国的安全不应依靠军事同盟，而应以集体安全为保障。外交活动也不宜由专家秘密进行，而应公开地达成公开的协议。他认为世界各国对和平均享有同样的利益，因此能够联合起来惩罚挑战秩序的行为。

第四，承认民族国家在国际关系体系中的主体地位。威尔逊认为任何民族都有权决定自己的政府统治形式，都有享受安全平等的生活的权利。他承认民族国家在国际体系中的地位，并且认为和平只能建立在政治自由的基础之上，认为每个民族都有决定自己的政治制度和发展道路的自由。

1919年4月28日，战胜国在巴黎凡尔赛宫召开战后协约会议，通过《国际联盟盟约》。《国际联盟盟约》阐明了集体安全的指导思想和基本原则。该原则集中表现在《国际联盟盟约》的规定中：国际联盟大会或行政院之决议需出席会议之会员国全体同意，即"全体一致"原则；会员国尊重并保持各会员国之领土完整及现有之政治独立，以防御外来之侵犯；凡任何战争或战争之威胁，皆为有关联盟全体之事，联盟应采取适当有效之措施以保持各国间之和平；会员国如违背盟约而从事战争，其他会员国有权对其进行经济、军事及政治制裁。

国际联盟集体安全是人类应对国际无政府状态的一种努力与尝试。作为世界上第一个由主权国家组成的普遍性国际组织，国际联盟是各国希望通过集体安全来维护和平，用协商和仲裁方式解决国际争端理念的延续。它第一次将集体安全的理念制度化。集体安全的根本要义在于它提出了未来各国不应该将武力作为国家获得利益的工具，每个国际联盟成员国都需要在《国际联盟盟约》的框架下用和平的方式解决利益争端。因此，从"人人为我，我为人人"的逻辑角度出发，国际联盟提出的用大多数人的力量来抵制少数人的战争行为模式，不仅是人类将安全机制从联盟扩大到多元安全共同体的尝试，也是将安全模式从欧洲走向全球的一种努力。在推进国际社会有序发展，促进国际和平与合作等方面所做的有益工作，对集体安全机制的运作与发展具有重要影响。

国际联盟关于战争与和平的许多规定与观念都是超越欧洲大陆传统权力政治思维的创举。这些观念的突破从根本上推动了现代国际政治规范的普及与深化。例如，《国际联盟盟约》对于集体安全问题明确规定："凡任何战争或战争之威胁，不论其直接影响联盟任何一会员国与否，皆为有关联盟全体之事。国际联盟应采取适当有效之措施以保持各国间之和平。"这就从根本上否决了国家发动战争权利的基本观念。另外，国际联盟集体安全体现在对发动战争一方的联合压制。《国际联盟盟约》规定："如果有国家单独发动战争，那么就等同于其对所有国际联盟成员进行战争。国际联盟全体成员都有义务联合起来抵制其发动战争的不道德行为。"这种规则理念源自联盟概念，但是又超越了联盟。军事联盟是针对外部的敌人或潜在的威胁，而国际联盟集体安全并不针对外部的威胁，而是针对联盟内部的侵略行为。国际联盟维护世界和平的另一种手段是国际仲裁。《国际联盟盟约》规定："如果国际联盟成员国之间就利益分歧难以通过外交途径解决，那么应该将争端提交国际法庭进行仲裁。"这一规定表明，国际联盟在制度设计上已经认识到无政府状态和缺乏有效的权威是国际战争的重要原因，而国际法庭正是模拟国内政治争端而进行的大胆探索。

三、国际联盟集体安全机制的缺陷

国际联盟是第一个带有政治功能的普遍性国际组织，是国际组织发展的重要里程碑。尽管国际联盟在组织结构及内涵方面突破了传统的欧洲政治模式，但是事实上从20世纪30年代后期开始，国际联盟有关集体安全的功能就已经名存实亡。国际联盟的失败，是由它自身脆弱的基础、结构性缺陷、集体安全机制漏洞、表决机制缺陷以及所处的国际环境造成的。

第一，国际联盟脆弱的基础。从根本上讲国际联盟之所以无法发挥其功能，就是因为国际联盟实际上成为西方各大战胜国用来维持战后所确立的世界新秩序的一个工具。西方大国利用国际联盟来调和战胜国之间的利益冲突和压制战败国，国际联盟是受到少数大国控制的政治工具。国际联盟是战胜国的联盟，但是它是建立在强权政治基础之上缺乏广泛认同的国际组织。国际联盟内部始终存在着战胜国之间，以及战胜国与战败国之间的各种矛盾。国际联盟依靠战胜国英法的强制力保障运作的基本逻辑，必然会因为英法权力的式微而受到抑制。加之体系主要"侧翼大国"美国、苏联的缺位，使得国际联盟在提供全球公共安全产品问题上能力明显不足。这一缺陷为日后联合国在设计中邀请五大常任理事国行使"五个国际警察"的设想提供了历史借鉴。

第二，集体安全机制的漏洞。国际联盟集体安全机制的漏洞表现在规定的模糊性与设计理念上的不足。其一，盟约对"侵略"的含义并未作出明确规定。这不仅给侵略者以可乘之机，也使操纵国际联盟的列强可以对条文作出任意解释。其二，盟约规定对侵略者实行制裁，却未规定制裁的具体措施。其三，由于国际联盟全体大会和理事会之间的权限没有得到明显的划分，权责模糊带来了职责不明。其四，国际联盟的设计理念大大地超前了当时的国际文化规范。当时在主权原则没有完全内化的国际体系中，物质实力与军事力量仍然是国家攫取国际利益的重要手段。

第三，国际联盟表决机制缺陷使国际联盟集体安全机制无法发挥作用。主要体现在两点：一是在国际联盟全体大会中，每个成员国都有投票权，形成决议的全体一致原则使得会员国普遍地拥有否决权。这使得本就难以达成共识的国际问题更加难以解决，国际联盟也因此而难以实现有效的一致行动。依靠舆论来抵制战争的设想本身就是一种理想主义期望。二是国际联盟对各成员国没有强制的约束力，国际联盟也没有手段和力量来强制实施其通过的决议。只有那些符合大国自身利益的决议才能在大国力量的支撑下得到实施。所以，以集体安全为基石的国际联盟往往无法有效地对侵略国家形成制裁和威慑。20 世纪 30 年代，日本、意大利等国为了不使自己国家的侵略行为被国际联盟所掣肘干脆退出了国际联盟，加之一战之后和平思潮的泛滥和绥靖政策的蔓延，国际联盟在维护国际和平与安全方面形同虚设。

第四，结构性缺陷。当时世界上的主要大国并未全部加入国际联盟，使其权威性受到了很大的削弱。超级大国的长期缺位与中等大国对国际事务的长期把持，造成了国际联盟行动能力的先天缺陷。由于美国长期奉行"孤立主义"政策，尤其是美国国会拒绝批准加入国际联盟，而当时的苏联更是由于其国内革命受到了西方大国的敌视和排挤，长期被拒之门外。当时世界最大的国家美国并没有履行与其能力相符的国际责任，反而继续在安全领域"搭便车"。苏联由于被孤立，难以融入国际大国俱乐部。德国作为战败国也被排除在国际联盟之外。在美苏大国缺位的情况下，英法两国撑起的战后国际秩序虚弱不堪。巨大的国际责任与脆弱的国家权力之间的矛盾，导致国际联盟行动力与权威性日渐式微。这为日后联合国要求作为五大战胜国的常任理事国共同担负起维护战后国际秩序的制度设定提供了重要的借鉴。

国际联盟基础的脆弱和机制上的漏洞与问题在当时和平时期是不容易被识别的。但是，当20世纪30年代，以日本发动侵略中国的"九一八"事变为标志的法西斯国家对外侵略扩张开始后，国际联盟的所谓集体安全的软弱性暴露无遗。当1935年意大利发动了侵略阿比西尼亚（今埃塞俄比亚）的战争、1936年纳粹德国和法西斯意大利武装干涉西班牙内战、1937年7月7日日本发动全面侵华战争、1938年德国吞并奥地利和肢解捷克斯洛伐克、1939年德国灭亡捷克斯洛伐克并发动对波兰的侵略战争时，国际联盟的集体安全原则都未能发挥作用。1939年9月，二战全面爆发，标志着国际联盟所代表的集体安全体系彻底失败。虽然国际联盟并没有实现其设想的维护国际和平与安全的功能，但作为一种人类应对安全问题的伟大政治尝试，国际联盟失败的教训为后来联合国建立与发展提供了重要的历史经验。从历史意义角度讲，国际联盟是人类历史上首次超越传统军事联盟而构建起的集体安全的新模式。《国际联盟盟约》改变了近代国际政治的交往规范，使得依靠暴力手段攫取国家利益与世界影响力的成本与代价更加高昂。

第二节　联合国集体安全机制及其实践

1945年6月25日，51个反法西斯同盟国家在美国加利福尼亚州旧金山签订《联合国宪章》，最具权威性和普遍性的国际组织——联合国由此成立。联合国是二战留下的最重要的制度性遗产，它标志着国际社会通过国际合作和集体安全来维护国际和平、促进经济繁荣及社会进步、提高生活水平和保护人权的共同承诺。作为集体安全理想的载体，联合国的建立体现了国际安全共同体的特征，联合国机制的原则和程序设计继承了国际联盟的集体安全理念。作为第二个全球性的集体安全体系，联合国对国际联盟制度进行了较大程度的改革，使集体安全机制有了实质性进步。

一、联合国的集体安全机制

联合国是集体安全理想与权力现实的结合。《联合国宪章》展现了人类的美好理想，但也体现了二战后国际政治力量对比的现实。集体安全的规定集中体现在《联合国宪章》相关条款当中。其主要内容包括国家主权平等、会员国善意履行义务、和平解决国际争端、禁止使用武力或武力威胁、维持国际和平及安全的普遍性、不干涉内政等原则，这些原则构成了基本的集体安全义务。除此之外，联合国还规定安理会具有维持国际和平及安全之主要责任，规定安理会具有专属的确定和平之威胁、破坏及侵略行为之判定的权力。联合国安理会五个常任理事国在形成重大决议方面具有否决权，即"大国一致"原则。对于威胁、破坏和平及侵略行为之应对方法，联合国安理会可决定采用武力之外的各种方法对当事国实行制裁，如和平手段不足以恢复和平，联合国安理会可以采取必要军事行动，以维持或恢复国际和平及安全等。这些规定反映了二战结束时的世界政治力量对比，体现了五大国的协调与合作，在保护大国利益的同时突出了大国的责任与作用。更为重要的是，这些规定使联合国和平解决争端、制裁侵略的机制具有了可操作性和强制性，并对侵略和潜在的侵略形成威慑。

与国际联盟相比，不论从组织构建的基本原则，还是机制运行的实际效用，联合国都取得了长足的进步，是人类道德进步的整体反映。联合国不仅是一种制度上的超越，更是一种观念上的超越。其主要表现在以下方面：第一，联合国集体安全机制始终将"集体协助"原则作为核心逻辑。倡导以集体力量对付破坏国际秩序稳定的破坏性力量的思想，力争在观念和制度设计上超越国际政治体系是完全"自助"体系的思维局限。第二，与传统的集体安全概念相比，联合国集体安全思想中突出了"非暴力"原则对维护国际和平与秩序的重要性。二战后的集体安全概念不但从理论上进一步厘清了侵略战争的非正义性，更重要的是明确了侵略战争的非法性，在国际社会中确立了"非暴力"的原则，这是对传统国际法制度的一次重大修正，肯定了人类道德力量的作用和国际社会的进步性。第三，联合国集体安全思想及其机制发展，逐渐改变了国际社会对权力政治的理解，使长期的安全合作成为可能。第四，联合国集体安全机制倡导的"大国一致"原则，体现了"权力政治"现实与国际秩序稳定目标相结合，反映了对大国国际秩序稳定作用的期待，同时通过集体安全机制推动大国间合作。第五，"冲突管理和预防"原则发挥了重要作用。联合国据此在集体安全实践中发展出"维和行动""预防性外交"等解决争端和处理冲突的重要方法与手段。

总之，联合国确定的和平解决国际争端和非暴力原则，从国际法层面限制了国际政治中的暴力因素，并为和平解决国际争端提供了新的标准与路径。《联合国宪章》及其基本原则明确了各国需采用和平的方式解决国际争端，并禁止使用武力或武力相威胁。这使得传统国际政治中主权国家的战争权非法化。通过联合国及其附属机构的斡旋、调解与仲裁，争端当事方能够有更多的机会通过和平的方式完成争端的解决与利益的划分。另外，为避免冲突升级，联合国的预防性外交措施对于国际政治中的和平问题解决也发挥了巨大作用。

二、集体安全机制下的维和行动

在集体安全原则指导下，联合国做了大量工作与不懈努力，在和平解决国际争端问题、促进裁军与军控等方面都发挥了重要作用。据联合国统计，联合国为帮助和推动结束地区冲突而开展谈判，成功促使数百次地区冲突得以和平解决，数十场一触即发的战争得以避免。在和平解决中东、非洲、拉丁美洲、东南亚、中亚、西亚乃至巴尔干等地区的冲突中，联合国均发挥了重要作用。但是，由于共同敌人的消失，二战时的军事同盟缺乏合作的基础，取而代之的是以美国、苏联为首的两大军事集团之间长达四十多年的冷战。冷战的爆发，使联合国集体安全机制面对此起彼伏的地区冲突无所适从。为履行维持国际和平与安全职责，联合国在实践中逐渐形成一种向冲突地区派遣观察员以恢复和维持和平的行动。

（一）维和行动的概念

所谓维和行动，一般是指由联合国采取的、包括军事人员在内的但是没有强制力的行动，旨在帮助维持或恢复冲突地区的国际和平和安全。[1] 联合国安理会前副秘书长古尔丁认为，维和行动是由联合国发起的，得到有关各方的同意，并在冲突地区派遣控制和解决冲突的战地部队。这支部队在联合国的控制和指挥之下，依靠联合国会员国集体出资，由成员国自愿提供军事和其他人员以及相应的设备，在冲突各方中公正地行动并且在必要时最小限度地使用武力。[2] 根据联合国安理会或者大会决议，由联合国向冲突地区派遣不具有强制力的军事人员以恢复和维持和平。

从法理层面上来看，由于《联合国宪章》并没有具体规定，联合国的设计者们并没有预见到战后复杂的国际形势，因此也就不可能考虑到在复杂形势下维持国际和平与安全、解决争端和处理冲突的方法与手段。实际上，维和行动构成了"联合国试图但无法采取集体安全措施时的一种替代物"。二战后复杂的国际形势构成了维和行为独特的国际环境。维和行动不仅是联合国最成功的创新活动之一，更成为联合国集体安全机制下的重要机制之一。实践证明，这些维和行动是使局部战争逐步降级和抑制冲突升级的十分有效的手段，并且在冷战后不断应用于世界各热点区域，成为联合国集体安全机制应对"和平之威胁、和平之破坏"

---

[1] United Nations Department of Public Information, "The Blue Helmet" (2nd Edition), New York, 1990, pp. 4–5.

[2] Marrack Gaoulding, "The Evolution of United Nations Peace Keeping," International Affairs, Vol. 69, No. 3, 1993, p. 455.

的重要方式。

(二) 维和行动的基本原则

从上述维和行动的概念看，虽然概念界定各有侧重，但是基本上反映了联合国维和行动的一些基本原则和特征。一般来说，联合国早期维和行动主要有三个基本原则，即同意原则、中立原则和不使用武力原则。

同意原则是指维和部队的部署必须得到冲突双方或一方的同意，同意在其领土上部署维和部队，这是建立和部署联合国维和部队首要和必备的条件。这一原则是《联合国宪章》关于尊重当事国主权和领土完整、不干涉内政等原则的体现。原则上讲，没有当事国的同意，就不应该在该国实施维和行动。

中立原则是指维和部队在执行任务时，不介入冲突当中，在冲突地区监督执行有关各方业已达成的停火、停战协议或和平协定，防止违反协议、协定行为的发生，严格地维持停火或停战时的现状。中立首先意味着部队不应该从与该冲突有利益关系的国家中调遣。中立也意味着维和部队不应该依赖来自大国尤其是超级大国的军事人员。与维和的整个宗旨相一致，人员构成上的中立应该确保行为上的中立，即维和部队不偏袒冲突中的任何一方。

不使用武力原则是指维和行动不是强制性的，并不是强制冲突方去执行违背其意志的行动。维和部队除非为了自卫不得使用武力。自卫是为了保护维和人员的人身安全以及设备和财产安全。在早期的维和行动中，军事观察团或军事观察小组一般是不配备武器的，而维和部队只装备轻型武器。之所以如此主要是为了自卫，而不是与冲突中的一方作战。

联合国在维和实践中逐步形成了一系列原则、准则、规范和决策程序,这些构成了联合国维和机制。由于联合国维和机制的原则、规范、规则和决策程序均源于《联合国宪章》的基本宗旨和原则,因而其出现和发展是联合国集体安全机制适应环境而创新的结果。这种创新表现在主导原则、基本原则和规范、决策程序、军队作用的职能以及组织职能等各个方面。

(三) 维和行动的特征

作为联合国集体安全措施无法发挥作用时的一种替代物,维和行动并非完全从属于集体安全机制。维和行动作为一项虽不具有强制性,但得以有效防止和控制冲突的方法,是联合国为履行维持国际和平与安全职责而在实践中创设的方法。

第一,维和并不是制止侵略者的行为。与集体安全机制不同,维和主要的目的是防止冲突的再发生,因此,在传统的维和行动中,大国一般不参加。而集体安全行动如果没有大国的参与,就很难取得成功。维和是在双方实现停火或停战后,经交战双方同意在特定的区域部署和平观察团或维和部队来监督各方执行业已达成的协议,如停火、脱离接触等,在此基础上创造有利的环境,便利冲突双方接触、谈判、达成和平协定,从而从根本上解决冲突。维和行动并不预设谁是侵略者,谁是敌人,谁是受害者。而集体安全行动尤其是军事行动直接反对明确无误的侵略者。

第二,维和部队是联合国会员国自愿参加的。联合国维和行动的组建一般是先由联合国安理会或联合国大会通过相关的决议,秘书长与会员国协商维和人员的派遣。会员国向联合国派遣维和人员完全是出于自愿。这种自愿派遣与集体安全机制中抵制侵略是有区别的,自愿性意味着会员国有选择的自由,不会受到道义上的谴责。而在集体安全机制中,"对任一国家的攻击就是对所有国家的攻击",抵抗侵略是一种义务,是按照事先达成的协议或规定履行义务的一种表现。

第三,维和行动禁止使用武力。维和部队并不是作为一种威慑力量而存在的,它没有任何进攻性的军事任务,也没有能力去实现这种任务。但使用武力对于集体安全体系来说却是必不可少的。集体安全机制对付侵略者的手段是多样的,包括外交手段、经济手段、军事手段等,旨在使潜在的侵略者在发动侵略前权衡利弊,使其意识到发动侵略的巨大后果而放弃侵略的打算。实际上,维护行动是联合国适应国际政治现实的产物。联合国发现自己也被许多曾经使国际联盟瘫痪的同样因素所阻碍。大国之间的纷争以及再次缺乏适当的机制使得集体安全成为一种不可实现的梦想。在汲取了国际联盟集体安全失败的教训以及联合国早期和平观察团的成功经验后,维和行动迅速发展起来。

(四) 国内冲突与国际干预

从联合国早期维和平行动实践来看,维和行动目标旨在解决国际冲突、恢复或者维持国际和平,维和行动遵循同意、中立、非暴力三大原则,维和行动一般限于解决国家之间的冲突。冷战结束后,原本限制联合国维和行动实施的诸多不利因素消失。由此,基于所应对和处置的冲突性质的变化,联合国维和行动不再局限于作为处理国家间冲突的手段,而是更多地被应用于对国内冲突的处理。随着所应对和处置的冲突局势的日益复杂,维和行动的实践情形也对原有基本原则造成了较大的冲击和挑战:部分维和行动在未经冲突当事方同意的情况下即开始实施;部分维和行动介入到了冲突当事方的内部事务或者利害关系中,并表现出了刻意支持、袒护冲突当事方中的一方而反对、打压另一方的倾向;冷战后的维和行动对有关形势变化常常作出大规模军事反应，部分维和行动迫使冲突当事方接受争端解决的结果，并将使用武力作为强制实现和平的手段。联合国针对国内冲突和国际冲突所启动的军事行动均需要联合国安理会授权，不同类型、不同任务和不同性质的集体行动之间的界限越来越模糊，联合国安理会授权使用武力的情境越来越多。这种情况导致维和行动出现了诸多问题，尤其是国际武力干预国内冲突的合法性问题。

禁止使用武力原则是现代国际法最重要的原则之一，而集体安全机制是该原则的整体保障，联合国安理会授权使用武力机制则是维护该原则的积极手段。联合国安理会想要利用授权这种变通方法来改变集体行动无所作为的状态，但这导致实践中产生的解决冲突的方式离最初的设想越来越远。造成这种局面的重要原因在于集体安全机制本身存在的缺陷。尽管联合国扮演着越来越重要的角色，但集体安全机制并非促成国际合作和建立国际秩序的充分条件。当代的国际体系并没有超越"民族国家时代"的根本特征，联合国集体安全机制饱受大国权力制约。

二战结束以后建立的集体安全机制是着眼于战后安全秩序的安排，特别是防范原敌国和体制内其他国家对新秩序的冲击，它是一种面向未来的制度构建，因此许多重要条款都是抽象的、原则性的规定。就武力强制行动而言，《联合国宪章》中除了强调"必要时应采取行动"之外，没有对该行动的原则、规则和程序进行具体规定。具体规则的空白就给联合国安理会留下极大的自由裁量权，在授权之后这种权力就转移给了接受授权的大国。作为一种非正式机制，联合国安理会授权使用武力机制没有经过立法程序产生，没有理事会代表会议等实体予以维持，也没有国际性的科层性机构予以监督，而是主要依靠大国之间的共识和妥协来创造和维持。真正发挥作用的是联合国安理会五大常任理事国的闭门磋商，而联合国安理会议题的选择、磋商、决议草案拟定、启动授权、实施行动等几乎被西方大国主导。联合国安理会决策的公正性和透明度一直受到国际社会的质疑。

集体安全机制改革多年来停滞不前，难以适应后冷战时代的国际社会需求。在宗旨、原则、机构和制度设计方面，《联合国宪章》主要是对传统安全问题的关切。但冷战的结束和全球化进程的深化导致了国际安全威胁的复杂化，国际社会中复杂的新威胁日益凸显。而联合国安理会授权使用武力机制是从实践中发展而来，它是在冲突发生时将安全问题纳入机制的适用范围和对象中，而不是在冲突发生前针对特定领域的机制，因此具有一定的滞后性。一方面，联合国安理会授权使用武力在适用范围和对象上的扩大，特别是对一国内部冲突进行武力干涉引起了很大的争议；另一方面，由于不同的规范和制度之间的矛盾而难以应对新的安全威胁。并且联合国安理会授权使用武力机制的适用范围和对象在不断变化，即使是相似的任务，由于参与者、干涉对象和任务范围的不同，整个授权行动也会随之改变。联合国安理会的决定常常缺少连贯性和一致的原则，不能完全满足各个国家和不同人群真实的安全需求。

联合国安理会授权使用武力机制还缺乏系统的事前调查、行动监督和事后追责来修正机制和实践的缺陷。第一，联合国安理会包括秘书长是依据派驻当地的观察团、特使的报告等来判断当地局势是否构成危害国际安全情势、是否需要启动授权采取武力强制措施。但是，这些判断国际情势和启动授权机制的权力都掌握在联合国安理会特别是美国、英国、法国等西方国家手中，这些调查报告只是作为参考而不具有决定意义，调查常常不起作用。例如，第1973（2011）号决议通过时联合国安理会成员并未收到秘书长特使的报告，该决议是在各国对利比亚当地局势的可信信息相对不足的情况下通过的，各国对执行措施的细节包括谁将参与、以何种手段执行以及这些措施如何得到确切执行都不清楚。

第二，联合国不仅失去了对行动的指挥和控制权，对行动的监督也是无效的。行动报告和审查更多的是起通报消息的作用，并且主要对象是维和部队而非武力强制行动，后者一般只对本国负责。联合国秘书长在一些决议中扮演着建议者、维和部队指挥官和监督者的角色，但是形式大于内容。例如，在前南斯拉夫、索马里、海地等几次实践中，由秘书长主导的联合国维和部队成为联合国行动的主要形式，然而一旦涉及联合国安理会授权使用武力，秘书长又被边缘化了，秘书长所组建的维和部队反倒成为联合国安理会授权使用武力的保护对象，其监督作用被最大地限制了。另外，其他机构职能无法涉及安理会授权使用武力行动，例如《联合国宪章》所设想的担负战略指挥和协助责任的军事参谋团，但实际上该机构没有实质性工作。

第三，联合国对安理会授权使用武力产生的后果没有追究责任机制。这使联合国无法纠正在行动中存在的各种不规范行为，也导致更多默示授权的出现。例如，联合国安理会对于联合国部队打击伊拉克是否超越第678（1990）号决议所授权的范围，在事件发生时并没有及时纠正该行为，在事后也没有作出是否违规的判断；北约空袭利比亚轰炸地面目标并且造成大量平民死亡，也没有在当时或事后进行判定或赔偿。对于会员国或区域组织所声称的默示授权的武力行动也没有进行有效澄清。例如，1999年英美两国声称伊拉克违反武器检查而对伊拉克进行轰炸，2003年英美声称援引联合国第678（1990）号决议发动伊拉克战争。1999年北约对南斯拉夫联盟共和国（以下简称南联盟）进行了长达78天的狂轰滥炸。这些举动未被制止，也没有遭到反对。

第三节　联合国集体安全机制面临的挑战

联合国集体安全机制是维持国际和平与安全的宏大的系统工程。它包含了关于维持国际和平与安全的一般规范，关于集体安全义务的规则及其武力使用的法律规则，也包含关于制止威胁和平、破坏和平及侵略行为的规则和程序，以及关于集体安全组织的组织、职权及其运作机制的具体规定。尽管与国际联盟相比，联合国集体安全机制在设计上有了长足的进步，但由于时代发展、运行机制以及现实环境变化等诸多原因，联合国集体安全机制不可能超越时代局限，联合国集体安全实践难以达到其理想的规范和目标，还存在许多固有的缺陷，面临诸多理论和实践的挑战。

一、集体行动困境

集体行动困境仍是集体安全机制遇到的首要难题。联合国安理会作为联合国集体行动中的核心权威机构，是保证集体行动合法性的主要制度保证。"大国一致"原则是联合国集体安全机制的核心，是联合国集体安全机制建立和有效运行的基础，机制能否发挥效用取决于联合国安理会五大常任理事国在多大程度上能够取得一致。联合国框架内的任何一项决议都是以五大常任理事国为主要领导力量实施的，撇开五大常任理事国的任何决议都只能是一纸空文。当出现"大国不一致"或联合国安理会成员意见严重对立的情况时，联合国集体行动就会陷于瘫痪。尽管苏联解体结束了大国间的尖锐对抗，但"大国一致"的时代并未到来。作为一个政府间组织，联合国对成员国的制约能力是有限的。联合国在运行时必然涉及无政府状态下集体行动困境的问题，涉及在面临共同威胁或要求承担集体义务时如何解决集团内部"搭便车"问题。集体安全机制中各成员国是否能够和愿意提供充足的资源，是该机制能否发挥以及发挥多大作用的必要条件之一。

集体安全机制失败的教训表明，必须强化成员"和平和安全的不可分割"的共有观念，才能增加国家为集体安全贡献资源的动机和意愿。然而，在后冷战时代安全问题多样化、安全威胁复杂化。国家之间边界、领土争端等导致的传统安全问题依然存在，民族、宗教、种族矛盾引发的国家内部冲突迅速上升。恐怖主义、跨国犯罪、环境污染、毒品走私、传染性疾病等安全威胁已成为影响人类发展的重大问题。非传统安全问题产生的根源错综复杂，其表现形式也呈多样性发展。它们与传统安全问题相互交织并彼此转换，给国际安全环境带来了复杂的挑战。国际安全威胁的复杂性、多样性、相互关联性等，无疑增加了成员间对安全威胁的性质、来源、应对手段上的不同见解乃至深刻分歧。冷战以后，国际社会就国家主权与人权的关系、人道主义干预、国际恐怖主义界定、国际关系中的使用武力原则、应对"失败国家"等问题的争论愈演愈烈，进一步加剧了集体行动的困难。

二、单边主义的挑战

联合国面临集体安全机制下多边主义行动与霸权国关系的难题。实践证明，霸权国和集体安全机制之间存在着紧密的互动关联。霸权国作为既存国际秩序的领导者和主要维护者，需要国际制度来维护其霸权秩序，因而往往是国际制度创立和运行的推动力量。然而，由于存在国际整体利益与霸权国自身狭隘国家利益间的矛盾，导致了霸权国的单边主义倾向与集体安全机制的多边主义行动要求之间经常处于紧张关系，严重影响了集体安全机制的效能。冷战结束后，联合国集体安全机制与霸权国之间的矛盾尤为突出。由于美国独特的"例外主义"的政治文化传统，美国经常从本国利益出发来界定"国际集体利益"，无视《联合国宪章》和国际法采取单边主义行为。2003年，美国不经联合国安理会授权，在没有充分证据的情况下，单方面联合盟友发动伊拉克战争。这种行为严重冲击了联合国的合法性和权威性。在第58届联合国大会会议上，联合国秘书长安南指出，自从联合国成立以来，各国通过一个基于集体安全和《联合国宪章》体系寻求应对和平面临的威胁。而绕开联合国安理会"采取单边行动或通过集团联盟采取行动"的逻辑是危险的，"如果这一逻辑被接受，它将开创先例，导致单边和不合法使用武力行动的泛滥"。

三、《联合国宪章》基本原则受到的冲击

作为国际法的基本原则，不以武力解决争端、放弃战争作为对外政策的手段被包含在《联合国宪章》及其他许多条约之中。各主权国家遵守国际法，遵守《联合国宪章》基本原则，已成为普遍认同的国家行为准则。联合国和《联合国宪章》作为国际合法性、权威性的主要来源和象征，已成为国际社会的共识。在伊拉克战争之后，《联合国宪章》中的一些基本原则和概念受到严重冲击，引发了人们对《联合国宪章》中一些概念的激烈争论。

首先，"威胁"概念的变化。《联合国宪章》规定，只有当国际和平与安全面临威胁，在武力以外的手段不足以解决争端时，联合国才可授权采取军事行动。但当具体到某一"威胁"

时，会出现不同的解释。在科索沃战争中，联合国以人道主义灾难为理由的武力干预在一定程度上得到认可。冷战后，因宗教、种族等原因酿成的局部冲突和灾难增多，人道主义悲剧不断发生，人权的国际保护成为当务之急。然而，面对新形势，联合国却显得力不从心，它未能阻止卢旺达、布隆迪等国家的人道主义灾难。在卢旺达，胡图族和图西族之间的屠杀导致数十万人死亡，联合国对此却反应迟缓。面对巨大的人道主义灾难，多数成员国赞同联合国采取行动。在这方面，更多的抱怨是联合国干预太少，而不是太多。"9·11"事件之后，恐怖主义成为国际和平与安全的主要威胁，恐怖组织和支持恐怖主义的国家成为军事打击的对象，阿富汗战争便是以打击恐怖主义为由而采取军事行动的一个例子。但伊拉克战争则不同于前面的例子，美国发动战争的主要理由是：伊拉克没有执行联合国的裁军决议，藏匿了联合国决议禁止的大规模杀伤性武器，因而构成对国际和平与安全的威胁。这种对"威胁"的断定受到了世界各国普遍的质疑。对联合国来说，国际社会应重新统一对"威胁"的认识。

其次，"自卫"概念的变化。根据《联合国宪章》规定，联合国成员国在"受到武力进攻"时可以采取自卫行动。"9·11"事件发生后，美国采取了对可能的潜在威胁实施预防性军事打击的行动，将其国家安全战略中的"先发制人"概念引入《联合国宪章》中的"自卫"原则。于是就出现了谁来判断该国是否已经遭到了威胁，谁具有判断这种情况的合法权利，以及"预防性自卫"是否合法的争议。在国家实施自卫权问题上，尤其在证据并不明显，或具有显著争议，而且危险也并非迫在眉睫的情况下，如何强化联合国在界定威胁、寻找证据并实施有效介入的作用显得尤为重要。国际恐怖主义增加了国家自卫权运用的复杂性，使与合法使用武力相关的一系列概念面临考验。

最后,"不干涉内政"原则面临的冲击。极具争议的领域是人道主义军事干预问题。"人道主义干预"对联合国的"不干涉内政"原则是一个新的挑战。国际社会争论的焦点是:当某个国家出现无政府状态或暴政,从而导致该国领土内大规模的人道主义灾难爆发时,国际社会是否有权武力介入维护该国人民免受迫害。国际社会的主流意见是必须发挥联合国安理会必要和充分的干预能力。以保护平民、阻止人道主义灾难为目的的"保护的责任",就是在此背景下出现的新概念。此后,联合国安理会授权使用武力机制越来越与维和、人道主义干涉交织在一起。但这往往成为一些国家干涉别国事务、推行其政策的工具。例如,在利比亚内战中,西方国家借联合国"人道主义保护"决议推翻了卡扎菲政府。在科索沃冲突中,西方国家大肆渲染南联盟对科索沃和阿族的迫害,制造虚假信息引起国际社会对科索沃的同情,无视激进的阿族武装"科索沃解放军"对塞尔维亚的攻击,北约未经联合国授权,打着"防止科索沃人道主义危机"的旗号,对南联盟进行了长达 78 天的轰炸。在叙利亚内战中,西方国家希望再次获得授权,指责阿萨德政府军迫害民众并使用化学武器,试图推翻叙利亚政府。这些问题都不同程度地折射出联合国集体安全制度的困境。

尽管如此,联合国仍然是国际社会中不可或缺的组成部分。自成立以来,联合国经过 70 多年的发展并逐步在国际社会中构建起庞大协调网络,逐步构建起一套维护和平、促进发展、裁减军备、禁止生化武器、防止核扩散、保护人权、保护环境等较为有效的机制。尽管联合国存在各种缺陷,但它是国际社会能够寻找到的维系国际和平与安全的一种现实可行途径与选择。

第五章/冷战后欧洲安全秩序

冷战后欧洲安全秩序的形成有着深刻的历史基础，特别是两极体制的遗产。两极体制对欧洲国际政治的深刻影响之一就是美欧联盟的建立。冷战的另一个遗产是苏联解体后产生了"后苏联空间"区域。这两个冷战遗产为欧洲安全秩序的形成奠定了基础。冷战结束后，北约与欧盟作为欧洲最具影响力的两个标志性组织，分别推出各自的安全战略。美国领导的北约是欧洲安全的核心机构，掌握着欧洲安全秩序的运行方式和规则。欧盟凭借自身在欧洲的经济优势，力争在欧洲安全秩序建构中实现一定程度的"战略自主"。这两个机构的内部关系高度制度化和组织化，将外部的俄罗斯作为防范对象和潜在威胁的来源。它们竭力通过制度化和组织化手段将"后苏联空间"区域国家纳入西方主导的欧洲安全秩序当中。俄罗斯不甘被排除在欧洲安全事务之外，在"后苏联空间"区域以"独联体"和"集体安全条约组织"为依托，通过对其成员国的控制以抵制西方国家对该区域的渗透。

第一节 欧洲安全体系中的北约

在冷战结束后，欧洲战略态势出现重大变化。北约的安全战略一直处于变动中，其建构途径、手段、范围等亦随着北约在不同时期的安全需要而不断丰富和发展。北约战略转型与东扩对欧洲安全秩序产生了重大影响，不仅直接影响了欧洲安全的走向，而且影响到了整个欧洲及周边区域。

一、冷战北约的战略转型

北约对欧洲安全秩序的影响主要通过其战略转型方式体现。冷战结束后，北约不断出台不同版本的战略概念。这种战略概念是北约对国际安全环境作出的评估与反应，既是其塑造欧洲安全秩序的构想，也是北约为适应国际安全环境变化而作出的一种调整。纵观冷战后北约的战略演变，其战略转型大致分为以下几个阶段。

（一）推进安全对话与安全合作

冷战时期，欧洲安全由两极对抗格局所主导，北约的战略主要以防御与威慑为特征。冷战后期，随着东西方关系缓和，北约着手建构欧洲安全秩序，确立了以对话与合作为主的基本原则。1990年11月，欧安会特别首脑会议在巴黎克莱贝尔国际会议中心召开，43个成员国共同签署《新欧洲巴黎宪章》。它强调"欧洲对抗与分裂时代已经结束"。为了最大限度继承冷战胜利成果，北约宣称未来欧洲安全秩序将以和平为主旨、以合作为手段，建立一种能够融合所有欧洲国家的新安全架构。

冷战后，欧洲新的安全威胁是什么，北约存在的基础是什么？为此，北约开始了战略调整与改造。1991年11月，北约在罗马峰会上提出"战略新概念"。其主要内容聚焦两个问题：一是东西欧军事对抗和政治分裂局面终结后，北约继续存在的意义；二是北约如何主导新的欧洲安全秩序建构，填补苏联势力撤出后中东欧地区的权力真空。一方面，北约根据国际形势的变化，对联盟宗旨进行了重新界定，强调北约的宗旨是"以与《联合国宪章》一致的政治与军事手段，捍卫所有成员国的自由与安全"，[①] 为自身存续找到了新的目标定位。另一方面，北约推出以"跨大西洋地区＋中东欧地区"为特征的地区战略，寻求填补冷战结束产生的战略真空，通过建立"伙伴"关系，吸引东欧国家加入北约，扩展北约在欧洲的战略空间。最终目的是形成以民主、人权、法治三种西方价值规范为基础的契约性安全架构，固化北约在后冷战欧洲安全体系中的支配地位。此外，北约对其维护欧洲安全的方式进行变革，除明确宣示继续以政治和军事手段捍卫欧洲安全外，还增加了化解国际安全风险的和平方式，包括安全对话、基于《新欧洲巴黎宪章》原则的合作、集体防御、危机管理与冲突预防，扩充了其安全政策工具箱。在此战略指导下，北约先后启动了"和平伙伴关系计划"，出台了《关于北约扩大的研究报告》（1995年）和《北约与俄罗斯相互关系、合作与安全基础文件》（1997年），为北约东扩等后续政策的实施奠定了基础。北约希望与苏联、东欧国家强化对话与合作，共同推动欧洲安全秩序建构，旨在将俄罗斯以及其他非西方力量纳入欧洲安全新秩序，使之成为西方国家的合作伙伴。

（二）确立北约在欧洲安全中的主导地位

以1994年正式决定东扩的第13次布鲁塞尔峰会为标志，北约从冷战初期寻求定位的阶段进入了改革时期。北约通过扩大其

[①] NATO, "The Alliance's New Strategic Concept," November 8, 1991, https://www.nato.int/cps/en/natohq/official_texts_23847.htm.

联盟体系，将除俄罗斯以外的苏联和东欧国家纳入其中，以北约的政治与安全规则约束之，突出北约在欧洲安全秩序建构中的主导作用。北约在1995年9月的《关于北约扩大的研究报告》中指出，随着冷战结束，整个欧洲—大西洋区域出现建立一个更完善的安全架构的独特机遇，此举旨在向整个欧洲—大西洋区域提供更稳固的稳定与安全，并非重新制造分界线。北约将安全界定为一个包括政治、经济、防御在内的广义概念。新安全架构应以此广义概念为基础，通过欧洲现有多边机制（欧盟、西欧联盟、欧洲安全与合作组织）的相互作用而启动统一与合作进程。[①] 北约东扩是否应成为建构欧洲安全秩序的新路径，美欧双方对此存在分歧：美国克林顿政府将东扩视为加速整合欧洲安全力量、强化对欧洲盟国控制、在欧洲地缘政治中抑制俄罗斯的一种有效手段。而欧洲盟国则将东扩视为融合欧洲不同安全变量的手段，强调西欧不能将中东欧排除在跨大西洋安全框架外，欧盟应当承担更多责任，重新平衡欧洲与美国的关系，避免欧洲出现新的分裂危险。东扩是北约这一阶段发展的主要成果。北约以其自身而非欧安会为主体重塑欧洲安全秩序，可以实现两个战略目标。一是通过东扩，北约将其价值观与意识形态扩展到每个新成员国，在欧洲安全秩序中实现政治与安全认同，实现以北约政治与安全逻辑重塑欧洲安全秩序的目标。二是北约东扩可以最大限度地消除欧洲—大西洋区域内的安全隐患，包括公开的或潜在的安全威胁。事实上，北约改变了逐渐同化俄罗斯并消解其地缘政治压力的旧做法，代之以东扩方式削弱俄罗斯以及其他异质性安全主体，以便最大限度地实现欧洲政治、安全、文化以及意识形态的整合。

---

① "Study on NATO Enlargement," September 3, 1995, https：//www.nato.int/cps/en/natohq/official_texts_24733.htm? selectedLocale = en.

（三）从集体防御转向维护欧洲安全

1999年4月，北约以召开华盛顿峰会为标志，开启了新一轮战略转型。北约华盛顿峰会通过了新"战略概念"。联盟核心宗旨由"保障和平"调整为"维护稳定"，危机管理成为北约集体防御政策的核心内容。北约根据周边安全形势变化，汲取了应对波黑内战、科索沃危机等突发性高烈度国际危机的经验，在跨大西洋和中东欧地区之外，增加了对南欧—东南欧的地中海和巴尔干地区的预防性关注和介入。北约仍将安全、协商、威慑与防务、危机管控等列为维护区域安全的基本途径，但更强调与周边国家建立伙伴关系。此次战略转型正值科索沃危机期间，受到危机的影响，通过扩大防区促进联盟对国际危机的快速响应和处置能力，成为北约成员国普遍共识，多个传统欧洲"边缘区域"被划入北约防区。北约希望通过防区调整和扩大，在坚持"集体防御"政策的同时，积极介入和影响联盟周边地区的冲突，防范安全风险从周边蔓延到欧洲—大西洋地区。另外，1999年版"战略概念"的出台，标志着北约联盟"东扩"的全面启动。早在1997年马德里峰会上，北约内部就已经达成将中东欧国家由"伙伴"升级为盟友的共识。捷克、波兰和匈牙利三国在华盛顿峰会上正式被吸纳为北约成员国。1999年版"战略概念"则进一步将这种针对原社会主义阵营国家的联盟扩容方式，设置为大战略目标，指出联盟希望在未来向那些有意愿且能够履行成员国责任义务的国家发出邀请，[①]并且出台了一项行动计划，帮助有意愿加入的国家做好加入的准备。

---

① NATO, "The Alliance's New Strategic Concept," April 24, 1999.

（四）应对非传统安全挑战

2010年，北约里斯本峰会通过新一版的"战略概念"，核心内容是"适应安全形势新变化"。这一"战略概念"建立在一种全新威胁认知基础上：认为北约遭受传统军事攻击的可能性减小，整体安全环境趋于和平，但是面临许多不可预知的非传统安全风险，例如大规模杀伤性武器扩散、恐怖主义、网络攻击、人口贩卖等。北约针对性地提出了改革防务分摊制度、促进威慑和防御能力现代化、在全球范围内发展和扩大伙伴关系网络等多种"新能力"建设举措。在北约积极推动全球化转型的背景下，2010年版"战略概念"没有对地区战略进行调整。该"战略概念"内容过于宏观和长远，所设定的目标范围过大且缺乏优先级划分。这些缺陷导致北约在一系列国际危机的压力下，逐渐失去了集体行动的协同性和战略决策连贯性的能力。

（五）强化对俄罗斯制衡和威慑能力

2014年，克里米亚危机爆发，欧洲安全秩序遭受冲击，欧亚地缘政治格局发生新的变化。特别是2022年俄乌冲突爆发后，俄罗斯与西方在欧洲的战略僵持状态被彻底打破。由美欧俄三大力量构成的错综复杂的博弈，迅速蜕变为美欧联合对俄施加制衡的对抗结构。其结果是以权力竞逐和集团对抗为特征的传统大国地缘政治在欧洲重新兴起，逐渐成为美欧俄之间的国家间互动逻辑。作为欧洲防务主要供给者和欧洲安全秩序的主导者，北约迫切需要及时高效地启动战略转型，恢复联盟各项组织机能的有序运转，避免欧洲安全秩序在冲击下彻底崩溃。

在此背景下，2022年6月，北约马德里峰会发布了新版"战略概念"文件。主要内容包括：将俄罗斯视为跨大西洋安全的首要战略威胁，2010年版"战略概念"中俄罗斯可以作为潜在合作伙伴的表述被彻底放弃。北约认为俄罗斯对乌克兰的军事行动，在波罗的海、黑海、地中海地区集结庞大的军事力量，以及俄罗斯与白俄罗斯的一体化，是目前北约面临的最大的直接威胁。鉴于安全形势的紧迫性和复杂性，北约必须迅速调和内部成员国矛盾，提升对俄罗斯的制衡和威慑能力，挫败俄罗斯在乌克兰的军事行动目标，共同捍卫欧洲安全利益，避免其主导下的欧洲安全秩序彻底瓦解。

在全球战略层面，应对大国地缘政治竞争安全风险被重新设置为北约的优先目标，构成北约未来大战略的主基调。传统地缘政治竞争逻辑再次成为北约大战略的主导思维，凸显了针对首要战略竞争对手俄罗斯的制衡性，以集团化遏制和地缘政治包围为特征的大国竞争模式得到强化。在欧洲安全层面，北约以跨大西洋地区为基础，重振和巩固其对欧洲安全体系的主导。2022年版"战略概念"确定了北约和欧盟在欧洲安全架构中的地位，暂时确立了双方在欧洲防务供给方面的关系，明确宣告了欧盟增加国防开支和提升防务自主能力，都必须从属于北约对欧洲安全事务的统筹。北约在充分顾及和安抚欧盟情绪的同时，也对欧盟发出明确警示：共同防务建设不应与北约出现功能重叠，也不应拒绝非欧盟国家的北约成员国参与欧洲共同防务建设。由于俄乌冲突后，欧盟在安全领域对北约依赖度的增加，以及欧盟在2022年3月底发布的《安全与防务战略指南针》文件中接受了在防务领域对北约的辅助性和补充性定位，欧盟防务自主建设引发的欧盟—北约矛盾似乎暂时得以平息，长期困扰大西洋联盟的美欧防务分担份额之争也在一定程度上得到缓解。

二、北约主导欧洲安全秩序的实践

北约对欧洲安全秩序的战略构想既受制于冷战后欧洲安全形势的变化，也源于自身的力量与观念变化。北约战略构想不断调整，一方面反映了欧洲安全秩序建构的复杂性，另一方面也说明北约安全需要与欧洲安全现实不断接近。尽管北约的安全战略不断调整，但北约建构欧洲安全秩序的基本目标始终未变，即北约希冀在其价值观与意识形态的基础上重塑欧洲安全秩序；确立北约在欧洲安全秩序建构中的引领地位；以多方合作方式在欧洲—大西洋区域内外处置危机、预防冲突、消除威胁；在政治、经济、社会与安全等多个层面推进欧洲安全秩序建构。但作为冷战结束后全球最强大的安全组织，北约的政治与安全战略并非只为建构欧洲安全秩序所设，除欧洲—大西洋区域外，北约战略在某种程度上还体现了美国的全球战略关切与利益追求，但欧洲安全秩序建构无疑最重要，其相关政策体现在多个方面。

（一）强化整体军事能力

北约建构欧洲安全秩序始终未能摆脱冷战思维。北约一直按自身需要打造欧洲安全秩序，竭力排挤俄罗斯。冷战结束后，美国和北约成员国认为只有强大的北约才能有效维持欧洲安全秩序。对于欧洲—大西洋区域的安全与稳定来说，北约是一个不可或缺的先决条件。尽管北约强调建立欧洲对话与合作机制，但始终信奉权力政治，强调以实力构建欧洲安全秩序。为适应冷战后北约联盟新战略中灵活和及时反应的需要，北约改革军事指挥机制，强化军事决策、指挥以及行动能力。

从2010年布拉格峰会起，北约开始改组军事指挥结构，将欧洲盟军司令部改为盟军作战司令部，负责指挥所有重大军事行动，其下再设若干分支机构，负责指挥各项行动。另外，北约还将大西洋盟军司令部改为盟军转型司令部，负责策划和推进北约指挥体制转型、机构改革以及人员培训。经过调整，北约军事指挥结构得到优化，简化为战略、战区、战术三个层级，指挥机构由70多个减为20个。为加强域外军事干预能力，北约还成立若干跨军种或跨区域联合部队司令部、临时性特遣任务司令部等。为了加强与其他组织合作，北约还增设大量双边联络机构或联合指挥司令部等。

为增强整体军事能力，北约要求各成员国增加防务开支，达到各自国民生产总值2%的水准。北约重视发展核心军事能力，包括常规武器装备、核武器以及导弹力量建设等。北约将会保持一支能够将常规力量、核力量以及导弹防御力量适度融合在一起的混合力量，导弹防御将会变成北约全面防御态势的一个组成部分。[1] 很明显，北约强化军力的目标就是既要形成有效的战略威慑力，又要形成强大的反应能力，以便为欧洲安全秩序提供强有力的军事支撑。

（二）以价值观为基础的联盟

北约在欧洲安全秩序建构中强调其价值规范与集体安全精神，将更多原苏联加盟共和国及东欧国家纳入北约联盟体系，向其灌输北约的价值观与安全观，强化政治文化与意识形态浸透。在东扩进程中，北约向所有候选国提出政治、经济、文化以及意识形态要求，东扩不仅扩大了北约联盟的规模与势力范围、增加

---

[1] David. Yost, "NATO's Balancing Act," Washington, D. C.: United States Institute of Peace Press, 2014, p. 100.

了成员国数量,而且同时对外输出了价值观、安全理念与意识形态。1999年3月,波兰、捷克、匈牙利加入北约。2004年3月,斯洛伐克、斯洛文尼亚、罗马尼亚、保加利亚、立陶宛、拉脱维亚、爱沙尼亚入盟北约。2009年4月,阿尔巴尼亚和克罗地亚加入北约。2017年6月,黑山入盟北约。2020年3月,北马其顿成为北约第30个成员国。北约的势力范围除大西洋西岸的北美大陆外,还覆盖欧洲大陆大部,北起斯堪的纳维亚半岛,南至亚平宁半岛,西出伊比利亚半岛,东入亚欧大陆腹地。北约不仅成为欧洲—大西洋区域最重要的安全联盟,也成为全世界最大的价值观—意识形态联盟。

通过持续的东扩,北约将欧洲—大西洋区域大多数国家紧紧联结在一起,使以西方价值观为基础的集体安全成为欧洲安全秩序的一项基本原则。北约还推出"成员国行动计划",在实践中进一步传播集体安全精神,使北约在欧洲安全治理中扮演着一个关键机构的角色。与东扩相适应,北约还力推"和平伙伴关系计划""地中海对话""伊斯坦布尔倡议"等,在更大范围内发展候选成员国、伙伴国与对话国等。这些数量众多、分布广泛,影响遍布世界的潜在合作伙伴,实际上构成北约建构欧洲安全秩序的外围支撑。

(三)强调与欧盟的合作

在欧洲安全秩序建构中,北约特别强调与欧盟的合作。北约所倡导的安全合作,并非完全平等互利,而是以维护北约的主导地位为目标,其中既有与欧盟的互补性合作,也有与俄罗斯的竞争性合作或斗争,前者旨在更好地推进欧洲安全秩序建构,后者则为了减少欧洲安全秩序建构的阻力。因为俄罗斯不愿放弃对欧洲安全秩序的话语权,北约对其或利诱或打压,目的就是要去除欧洲安全秩序中的异质性安全因素。

在欧洲安全秩序建构中，北约和欧盟合作的影响最大，虽然北约表面上支持欧盟的"欧洲安全与防务认同"和"欧洲共同安全与防务政策"，但竭力将其纳入北约安全战略轨道，防止欧盟成为与北约平行的军事力量。2002年12月，北约与欧盟达成一揽子《柏林附加协议》，正式建立战略伙伴关系，双方建立外长级、大使级定期会议制度，设立常设小组，提升危机处置能力。北约与欧盟的合作，实际上反映了美欧双方在北约框架下联手建构欧洲安全秩序的意愿。1999年北约"战略概念"特别提出，任何欧洲安全与防务认同的行动，都要在北约联盟内完成，服务于强化北约军事能力这一目标。[①]

（四）干预介入危机与冲突

北约将处置安全危机、应对俄罗斯威胁的能力作为建构欧洲安全秩序的长期战略。冷战后欧洲受到越来越多的各种非传统安全威胁的困扰。各种极端宗教主义、右翼政治、恐怖主义、民粹主义等在欧洲大行其道。鉴于冷战后欧洲—大西洋区域出现大量非传统安全威胁，北约以"主动进取"代替"被动防御"，以预防性军事干预介入危机与冲突，使之无法形成更大威胁，缩小对欧洲安全秩序建构的不利影响。1999年3月，北约以"人道主义干预"为名，对南联盟实施军事打击。2001年10月，美国发动阿富汗反恐战争，打击"塔利班政权"和"基地"组织，北约参与在驻阿富汗的"国际安全援助部队"之中。2003年3月，美英等国发动伊拉克战争，推翻萨达姆政权，北约多国参与其

---

① "The Alliance's New Strategic Concept," April 24, 1999, https：//www.nato.int/cps/en/natolive/official_texts_27433.htm? selectedLocale = en, lastaccessedon12December2017.

中。2011年2月，美英法等多个北约成员国对利比亚发动空中军事打击，支持利比亚反对派，推翻卡扎菲政权。2022年2月，俄乌冲突爆发后，北约成员国为乌克兰提供了大量资金和军备援助。北约将对外干预行动视为强化自身凝聚力的一个标志。通过成功的干预行动，加强北约的凝聚力。为顺利实施干预行动，北约设立诸如安全援助部队、"矛尖部队"等快速反应部队。快速反应部队跨越各成员国，涵盖各军兵种，不仅强化北约及其成员国的共识，也加强了北约应对危机、建构欧洲安全秩序的实力。

值得注意的是，北约推进战略转型与东扩、提升危机处置能力，其最终目标并非完全局限于维护欧洲安全秩序。美国一直利用北约强化其世界霸权、建立美国引领的国际安全体系，北约的许多建构设想实际上体现了美国安全战略的需要，这显然有别于欧洲盟国以欧洲安全秩序为主导的建构目标。

第二节 欧洲联盟与欧洲安全

美国要想维持北约在欧洲的地位，除了要加强自身的适应性之外，还必须应付来自盟国的挑战，妥善处理好与盟国的关系。北约与欧洲盟国的关系是欧洲安全结构研究中相对复杂的问题。其复杂性不仅表现在它们之间的利益相互交错，涉及面广泛，还因为欧盟共同外交与安全政策是一个始终处于动态发展进程中的政策。长期以来，北约与欧盟之间并不存在着直接的联系，但自冷战结束后，欧盟开始追求政治联盟建设，发展共同外交与安全政策，甚至开始发展欧洲独立的防务政策，因而对北约在欧洲安全结构中的核心地位提出了挑战。回顾冷战后欧盟共同外交与安全政策以及共同安全与防务政策的发展演变，可以揭示欧盟在欧洲安全结构中的地位与作用。

一、欧盟共同安全与防务政策

由于欧洲防务主要是在大西洋框架下解决，因此冷战期间欧洲没有发展自己独立的安全与防务方面的合作。1985年后，欧洲的形势随着苏联改革的深入发展迅速变化。尤其是两极体制的瓦解和冷战的结束，为欧共体展示自己作为一支独立力量提供了一个崭新的舞台。为了更好地在新形势下的欧洲发挥作用，欧共体加速出台了建设欧洲政治联盟的政策。

苏联解体和德国统一，使得北约面临大规模华约军队入侵的可能性大大降低。冷战结束后，地区危机和地区冲突的频繁爆发，使维护地区安全工作的重点与冷战期间相比发生了很大的变化，欧盟能否成为一个重要的国际角色取决于其能否应付地区危机和冲突。

正是在这种情况下，欧共体在1991年12月签署了《欧洲联盟条约》，又称为《马斯特里赫特条约》。《马斯特里赫特条约》规定，共同外交与安全政策作为欧洲联盟谋求欧洲政治一体化的主要政策领域，被称为欧洲一体化的第二大支柱，目标是保持欧盟成员国在对外政策领域里的一致，从而使欧盟作为一个整体在国际事务中发挥更大的作用。欧盟共同外交与安全政策的目标有五个：保卫联盟的共同价值、根本利益，以及联盟的独立和完整；以各种手段加强联盟及其成员国的安全；根据《联合国宪章》《赫尔辛基最后文件》和《新欧洲巴黎宪章》的原则保卫和平，加强国际安全；促进国际合作；发展和巩固民主、法制、人权和根本的自由。1997年，《阿姆斯特丹条约》要求欧盟共同防务能够执行维持和平、缔造和平和人道主义救援等任务。1999年，欧盟"共同安全与防务政策"的概念正式提出，成为共同外交与安全政策框架中的重要内容。欧盟"共同外交与安全政策"并没有改变欧盟各成员国在外交和安全政策上的独立性，同时也没有否定北约的地位和作用。在欧盟共同外交与安全政策领域，一致通过仍然是最基本的表决原则，即每个成员国的立场都不能被否决。合作的内容和程度仍主要停留在共同立场和联合行动方面。2000年的《尼斯条约》决定建立军事委员会、军事参谋部等防务专门机构。随后，《欧盟宪法条约》为共同防务引入了更多的政治承诺。尽管该宪法条约本身遭到否决，但其中的防务条款基本内容仍由2009年生效的《里斯本条约》所保留。《里斯本条约》奠定了共同防务的法理基础，其防务条款规定了欧盟共同防务的基本规则与议程。但《里斯本条约》生效后，部分成员国对其中防务条款具有推动防务一体化升级的潜力深怀戒惧之心。在2009年欧洲主权债务危机爆发背景下，多数成员国在经济困境中不愿因加入合作而受到欧盟条约强有力的约束，因而欧盟防务合作进展有限。

  总体而言，欧盟冷战后一直没有停止过发展欧盟共同防务合作，出台或发布了大量的政治宣示和文件，也建立了诸多机制，但多数都停留在构想和概念层面。正如一些学者所言，欧洲共同防务长期受到内外因素的制约，往往陷入过度机制化、能力不足、战略分化的停滞窘境。[1] 尽管如此，欧盟共同安全与防务合作仍然在实践中取得一些进展，尤其随着欧盟内外环境的变化，欧盟战略自主的紧迫性使其取得实质性突破。

---

[1] Daniel Fiotteds., "The 'ESDP' in 2020: The EU's Legacy and Ambition in Security and Defence," EU Institute for Security Studies (EUISS), Publications Office of the European Union, 2020, p. 39.

二、欧盟共同安全与防务的实践与进展

欧盟安全与防务合作对内本质上是防务一体化进程，对外是对美"战略依附"和欧洲"战略自主"之间的探索。欧盟的安全与防务合作在1999年后的"共同安全与防务政策"框架基础上不断演进，其进展主要表现在以下几个方面。

（一）强化了欧盟的安全主体身份

在对外安全政策和对内防务联合实践中，欧盟着力构建、展示其军事色彩和作为整体的防务能力，突出欧盟的安全主体身份。欧盟传统上以民事力量和规范性力量的身份出现在国际舞台，自2003年在波黑和马其顿首次发起警务和军事行动以来的34项"共同安全与防务政策"行动中，多数为民事任务，军事行动基本上局限于军事训练、军事顾问等低端领域，在国际上主要被视为规范性力量。但2020年以来，欧盟明显加快了建设军事能力发展步伐，加大对外军事援助力度，共同外交中增加安全合作内容。2022年3月，欧盟理事会通过首份具有国防战略性质的《安全与防务战略指南针》文件①（以下简称《指南针》），为未来十年欧盟框架下的安全与防务发展制定了路线图。在军事能力建设方面，《指南针》计划在2025年前欧盟建立5000人的模块化快反力量应对外部危机，同时发展全域作战能力，拟建立"军事计划与行动能力"等类军事指挥机构。在军事援助方面，欧洲理事会2020年底通过欧委会等提议的"欧洲和平设施"对

---

① "A Strategic Compass for Security and Defence," Council of the European Union, March 21, 2022.

外安全援助项目，允许欧盟为伙伴关系国家购买和提供致命武器。2022年2月俄乌冲突爆发后，欧盟通过该项目快速向乌克兰提供包括致命性武器在内的军援。在安全合作方面，《指南针》规定欧盟优先从安全角度介入海空航行、网络、太空等全球公域，在伙伴关系中重点推进安全合作，划定欧盟的海上利益区。这些动作使欧盟在国际上的安全主体身份得以确立和彰显。

欧盟的安全主体身份和防务合作获得成员国的普遍接受。欧盟和主要成员国利用峰会、政策文件、官方讲话等，营造欧盟"战略自主"的舆论环境。2022年《指南针》明确赋予欧盟"安全提供者"和"安全行为体"的角色定位。强调"欧盟没有成员国具备独自应对时代威胁的力量和资源，而作为联盟的潜力无可匹敌"。[①] 与此同时，欧盟把"战略自主"诉求纳入欧盟安全议程，欧盟防务自主一定程度上塑造为与北约防务并行的"政治正确"。在成员国政府层面，法国等主要西欧成员国力推欧盟防务，在传统上保持防务克制的德国，也积极回应法国建设欧洲军的倡议；俄乌冲突爆发后，波兰、罗马尼亚等东欧国家依托欧盟"永久结构性合作"框架下的网络快速反应团队项目，为乌克兰网络防御提供支持。

（二）欧盟防务职能向自身集体防御扩展

在传统安全中，国家或者其他政治实体作为安全提供主体，首要的责任是保障本土安全、应对外部军事威胁。但欧盟在"共同安全与防务政策"框架下，其防务职能限于对外提供安全，本土防御责任系于各成员国和北约。然而，欧盟在实践中不断升级

---

① Shared Vision, "Common Action: A Stronger Europe – A Global Strategy for the European Union's Foreign And Security Policy," European Commission, June, 2016.

安全议题，对安全威胁进行宽泛化界定，变相扩展了防务职能。

欧盟不断强调内外安全的联动性，认为东南部边界和中东到北非的不稳定弧滋生的政治社会问题、外部跨国威胁等对欧盟边界内安全产生直接影响。2016年欧盟出台安全与防务计划，将保护欧盟和公民列为该议程的优先要务。2020年出台《欧盟安全联盟战略2020—2025》，构建欧洲内部安全体系。这样，关键基础设施安全、全球公域空间介入等成为欧盟防务的功能指向。2022年欧盟在《指南针》中首次形成了共同威胁认知，将卫生健康、基础设施对外依赖等经济社会发展议题纳入安全议程中，把海上航线安全、网络安全、信息操控等非传统安全威胁作为与传统安全同等的安全范畴。安全议程的宽泛化使内外安全、传统与非传统安全等安全维度和层次边界模糊化，大大推进了欧盟的防务议程。由于本土安全内涵的扩展和重构，欧盟和成员国防务实践的进展得到了更大、更灵活的解读空间，欧盟防务的职能定位在内部集体防御方面获得了发展弹性。通过上述路径，围绕非传统安全议题，欧盟成员国至少在机制和法理层面实践了内部安全上的集体防御。欧盟目前正在积极推动在网络防御、混合战等领域继续实践"相互援助"条款，作为整体安全力量而在本土防御中获得发挥更大效能的空间，在行动中继续强化安全提供者的内部指向。

（三）欧盟通过经济化路径推动防务能力建设

防务能力建设是欧盟安全与防务议程的核心内容，也是防务自主的关键支撑。在北约主导的欧洲安全秩序结构下，欧盟独立安全与防务建设的自主性有限、能力建设长期不足。2014年克里米亚危机爆发，2016年英国通过脱欧公投，一体化进程和内部生存面临不确定性，美国特朗普政府降低对欧洲安全承诺。由于受到上述一系列事件的冲击，欧盟对周边动荡的战略环境产生了强烈的不安全感。这种不安全感直接刺激了欧洲对传统安全和本土防御的关注。以2016年《欧盟外交与安全政策的全球战略》出台为标志，"战略自主"成为欧盟官方的显性化诉求。2017年12月，欧盟理事会正式通过建立"永久结构性合作"的决定。"永久结构性合作"是《里斯本条约》中唯一的实质性军事合作倡议，该合作旨在通过整合成员国军事资源以增强欧盟整体防务能力，允许成员国共同发展军事实力、投资合作项目以及加强各国武装力量。"永久结构性合作"机制的通过为打造欧洲防务联盟奠定了基础，使欧盟具备了自主军备能力。在此机制框架下，欧盟通过整合防务产业，推动军民融合，抑制了防务工业敏感性、防务产品投入高成本高风险、防务市场割裂与保护主义等障碍。2021年7月，欧委会启动了80亿欧元的"欧洲防务基金"，为欧盟框架下成员国间的防务技术研发、能力发展项目和防务采购等提供全过程的资助，重点支持研究阶段军工产品生产周期中的高投入高风险环节。这提升了成员国防务开发的参与意愿和风险控制能力，引导其防务能力建设方向，其意义超出单纯的军事能力范畴，是欧盟整合防务工业的重要支柱和欧盟"战略自主"的重要基础。当前"永久结构性合作"参与国家最多的项目为军队移动能力建设，有助于消除欧盟军队行动时所面临的物理和程序性障碍，以提高欧盟军事机动性、高效部署军力。欧盟防务能力建设问题转化为防务产业议题，带动了多领域多层次的参与者，涉及欧盟机构和成员国政府层面，以及欧盟机构间、成员国国内政治、军事和经济领域的利益群体、游说团体及有组织的专家机构等。通过上述实践，欧盟在安全与防务议程中的权力逐步增强。

三、欧盟在欧洲安全中的局限性

欧盟安全与防务合作有可能加剧与北约的机制重叠，与北约构成潜在的竞争关系。对欧盟而言，在北约内构建"欧洲支柱"的重要性和必要性，远超过构建一套与北约相平行的安全机制。北约对欧盟而言具有特殊的地缘政治意义，建立真正可靠的欧盟防务需要北约盟友的支持，而维系与北约盟友的关系就需要欧盟增强其防务实力与北约的适配性。在可以预见的未来，欧盟防务难以脱离北约内的"欧洲支柱"的状态。

（一）欧盟安全与防务合作的法理困境

作为欧盟安全与防务合作的机制基础，"欧洲共同安全与防务政策"基于《里斯本条约》，在法理上将欧盟防务职能定位为：在边界外开展"人道主义救援、军事顾问和军事援助、冲突预防与维和、缔造和平和冲突后稳定行动等危机管理中的作战任务"。在此框架下发展欧洲防务合作始终存在法理困境。从内部看，欧盟共同防务触及成员国核心主权，而西欧与中东欧国家、西欧大国之间因历史和地缘位置差异，安全威胁认知、安全关切与利益不同，各国的安全战略存在明显差异。欧盟"共同安全与防务政策"的政府间结构制约着欧盟内共同防务政治意愿的达成。从外部看，美国和北约对欧盟共同防务功能和能力的约束，形成了欧盟对北约的依附关系。2002年推出关于欧盟安全与防务政策文件和2003年的《柏林附加协议》确立了欧盟—北约战略伙伴关系，前者将欧盟安全与防务政策的职能定位限定在对外危机管理领域，后者则规定在北约不参与的对外危机管理行动中，欧盟可借用北约指挥体制。因此，两者在法理上形成了北约主导欧洲集体防御职能、欧盟补充北约对外危机管理的功能。在危机管理实践中，由于欧盟指挥能力和情报能力缺失，两者又形成了北约负责高端高强度军事行动、欧盟主要负责民事任务等低端行动的事实性分工。在欧盟关于安全与防务议程的相关条约、战略和政策文件中，甚至在长期主张欧盟"战略自主"的法国文件中，对北约在欧洲集体防御功能上的"核心"地位和欧盟防务发展对北约的"补充"性质都有清晰的表述。显然，在欧盟"共同安全与防务政策"结构下，欧盟安全与防务议程无法满足"战略自主"对欧盟防务的需求，甚至其对外危机管理职能也长期受限于决策低效、军事指挥结构缺位和能力不足等，无法在实践中发挥效力。

（二）欧盟与北约间的竞争

制度重叠加剧欧盟与北约间的竞争，使欧盟防务进程存在不确定性。欧盟防务与北约均在政府间结构下运行，两者有 21 个共同的成员国，所以在资源获取和制度效能的实现上高度同源，不可避免地存在竞争。一方面，欧盟安全与防务合作向集体防御功能扩展，推动建立与安全行为体匹配的指挥结构、机动快反力量和"共同安全与防务政策"框架下的危机管理行动能力，协同能力发展机制与北约"防务规划进程"等机制高度相似。这使欧盟偏离北约内的"欧洲支柱"的发展轨道，具有形成与北约平行防务的趋势。另一方面，北约的职能与活力也在同步强化。2022年6月29日，北约成员国领导人在西班牙马德里峰会上批准《北约2022战略概念》更新了安全战略，再次确立"威慑与集体防御、危机预防和管理、合作安全"三大核心任务，与欧盟防务职能类同，并将集体防御置于联盟战略首位。[①] 2022 年俄乌冲突

---

① NATO, "NATO 2022 Strategic Concept," June, 2022.

爆发后，美国增派了驻欧美军兵力，并将驻守德国的斯特瑞克旅战斗队向罗马尼亚等中东欧边界国家转移部署。这将在短期内明显提振和恢复欧盟成员国，特别是东欧和波罗的海国家对美国安全承诺和北约防务的政治信任。在双方同步强化的情况下，成员国对欧洲安全架构的选择分歧会更加凸显。

（三）难以形成独立的防务工业体系

欧盟防务的发展挤压了美国对欧政策空间，欧美在防务工业、技术和市场上形成竞争关系。长期以来，欧盟在防务工业、军备采购等方面都是成员国参与单一市场的自留地，加上防务能力发展本身的长周期特点，欧盟在短期内实现防务一体化的可能性较小。自欧盟共同防务议程启动以来，其对欧盟防务发展的政策困境就不断加深。一方面，美国对欧洲的基本战略目标是维护北约在欧洲安全结构中的首要地位，保持对欧洲的控制，抑制欧盟防务发展是其基本政策取向。长期以来，美国对欧盟防务发展都是高度警惕的。小布什政府时期直接以建立北约快反部队的方式，对冲了欧盟发展快反力量的计划。当然，美国的全球战略是不断调整的。在奥巴马政府时期，欧洲周边地区特别是中东北非地区对美国的战略价值下降，美国战略重心向亚太地区东移，客观上需要欧洲减少对美国安全的依赖，自行承担欧洲及周边的安全责任，美国还试图通过推动北约全球化和政治化，挟持欧洲支持其域外安全议程，这必然要求欧盟具有自主防务能力。此时欧盟发展防务合作与美国战略目标相契合，可以对北约能力建设起到补充作用。2008年金融危机后，奥巴马政府强调防务责任分担，2014年克里米亚入俄后，其推动北约设定了成员国防务开支占国内生产总值2%的目标，美国默许了欧盟发展防务的主张。然而，特朗普政府奉行"美国优先"政策理念，既要求分担防务费用又要抑制欧盟防务发展，并且将国防工业作为最重要的防范关注点。在欧盟启动"永久结构性合作"后，美国国防部在防务产业利益集团游说下，向欧盟发出外交信函，要求欧盟允许美国或第三方参与"永久结构性合作"项目。2021年5月，欧盟方面作出了妥协，邀请美国、加拿大参与其军事机动性项目。在此背景下，欧盟增加的防务开支，很大程度上并无法提振欧盟自身的防务产业和市场，反而进一步增加了美国来源的国防采购，美国通过军备交换计划等多种方式抢占了欧洲防务市场。这意味着，欧盟"永久结构性合作"项目很大程度上嵌入了北约能力建设进程中，它不以改变北约在欧洲安全架构中的主导地位为诉求，而是通过弥补自身实力短板增强北约中的"欧洲支柱"。欧盟强调"永久结构性合作"对北约能力建设的补充和与北约资源互用，使欧盟与北约的"战略伙伴关系"更具持续性，从而减轻英国脱欧和美国战略重心转移对欧盟防务造成的冲击。

从长远角度来看，欧盟安全与防务合作会为跨大西洋安全关系的发展增加新的活力，而非颠覆跨大西洋安全关系。但是，欧盟在"永久结构性合作"机制下防务能力的进步速度仍落后于当前安全威胁的扩张速度，有限的"战略自主"难以使欧盟真正"将命运掌握在自己手中"。欧盟无力重塑欧美安全关系，而是希望优化这一安全结构中的权责分配与能力贡献，使欧洲安全关系朝着良性方向发展。

第三节 "后苏联空间"地区安全

"后苏联空间"是伴随苏联解体出现的一个单独的地缘政治

区域。在俄罗斯主导下，各国在政治、经济、人文和军事上建立了紧密联系。该地区构成了俄罗斯的战略安全和战略发展空间，对俄罗斯具有重要的地缘政治意义。同时美欧对"后苏联空间"的介入与影响日益增强，极大恶化了俄罗斯的地缘战略环境，使俄罗斯在该地区的政策实施受到掣肘。俄罗斯在"后苏联空间"积极发展以俄罗斯为主导的独联体、俄白联盟国家、《集体安全条约》及欧亚经济联盟等组织框架内的合作，积极推动地区一体化建设。尽管国际形势不断变化，"后苏联空间"在俄罗斯对外战略中的重要地位和优先方向这一原则从未改变，"后苏联空间"是俄罗斯重振大国地位的重要依托。

一、"后苏联空间"地区

1991年苏联解体后，15个加盟共和国先后独立，欧亚大陆原有的地缘格局被打破，"后苏联空间"一词应运而生，用以描述这一有着传统联系的区域。如何整体性表述原苏联地区这些分裂的国家，目前学界并无共识。俄罗斯政府官方文件倾向于将"后苏联空间"称作"独联体地区"。"独联体地区"更侧重于该地区国家的组织性质和紧密联系，而"后苏联空间"更加强调地缘空间这一整体概念，它代表了一种超越民族国家体系重构国际和地区权力格局的可能性。该地区原有共同的政治、经济和文化背景导致彼此关系难以割裂，俄罗斯一直谋求在该地区经济、政治、军事等多方面的主导权。

（一）在独联体框架内重建统一空间

苏联解体后，各国间还保存着共同的交通基础设施、交通通信网络和能源系统，以及历史形成的劳动分工和生产力地域配置，绝大部分加工部门被联结在统一的产业链之中。同时，相互依存的技术、统一的教育体系和军事设置，以及无障碍的语言沟通都是"后苏联空间"得以重新整合的优势。于是独联体框架内经济、人文和安全合作很快建立并逐步发展起来，构成了全面而宏大的一体化空间。

在经济方面，1993年独联体成员国酝酿签署了《经济联盟条约》，1994年签署了关于建立独联体的自由贸易区条约，各国迈出了经济合作的第一步。1995年，推动独联体一体化最积极的国家俄罗斯、白俄罗斯和哈萨克斯坦签署了关税联盟协议。该协议规定消除三国经济主体合作的壁垒，保证商品自由流动和良性竞争。吉尔吉斯斯坦和塔吉克斯坦分别于1996年和1999年加入了该协议。在后期发展中，俄罗斯、白俄罗斯、哈萨克斯坦、吉尔吉斯斯坦、塔吉克斯坦、亚美尼亚建立了形式多样的区域经济联合体，如1999年成立的俄白联盟国家、2000年成立的欧亚经济共同体、2015年成立的欧亚经济联盟。到2015年8月，欧亚经济联盟有俄、哈、白、亚、吉五个成员国。至此，作为独联体地区的一个新兴的次区域一体化组织，欧亚经济联盟成员国面积达到2028多万平方千米，占世界陆地面积的13.62%，人口超过1.821亿，占世界人口的2.55%。2017年和2020年，摩尔多瓦和乌兹别克斯坦分别成为欧亚经济联盟的观察员国。欧亚经济联盟的建立和发展标志着"后苏联空间"的经济一体化进入相对成熟的阶段。

在人文方面，曾经共存于同一母体的独联体国家在语言、文字、文化传统上有着天然密切的联系，即使苏联解体也无法阻断这种联系。独联体国家在教育、信息、科技、文化、体育、青年等领域广泛开展合作，趋于形成共同的人文空间。其一，建立独联体统一高等教育空间。独联体国家签署了《关于建立独立国家联合体统一教育空间的构想》和《关于跨国教育》等文件，在跨国教育领域实行统一教育立法。其二，建立统一信息空间，实行协调的信息政策，在互利基础上保证各国信息空间的合作。其三，为进一步加强独联体成员国在科技、文化、体育、青年等领域的合作，成员国经常举办独联体国家科学节、国际青年科学论坛及独联体国家间的国际会议等活动。

在安全方面，1992年5月15日，俄罗斯与亚美尼亚、哈萨克斯坦、吉尔吉斯斯坦、塔吉克斯坦和乌兹别克斯坦签署了《集体安全条约》，希望通过安全领域的实质性合作来规避地缘和安全风险。2001年"9·11"事件后，世界反恐形势日益复杂，"后苏联空间"地区安全形势更加严峻，集体安全条约成员国更加重视在新形势下维护国家安全。2002年5月14日，随着《集体安全条约组织章程》的签署，集体安全条约组织的构建在法律上得以完成。为了抵御对成员国安全的挑战与威胁，集体安全条约组织建立了有效的集体安全体系。除了集体安全条约组织外，在"后苏联空间"还成立了独联体反恐中心。该机构是独联体地区反对恐怖主义的重要机构，在维护地区稳定、打击恐怖主义方面发挥着积极作用。

（二）"后苏联空间"地区国家的疑虑

出于对独立主权的担忧和内外政策的差别，该地区国家对俄罗斯主导的联合进程保持了相当的谨慎。"后苏联空间"地区不时出现"逆一体化"现象。1997年10月，由乌克兰主导，格鲁吉亚、乌克兰、阿塞拜疆和摩尔多瓦四国成立了区域性国际组织——古阿姆集团。这一集团试图通过政治、经济及军事合作，减轻对俄罗斯的经济依赖、抗衡俄罗斯军事力量、与北约和欧盟建立更加密切的合作关系。这一组织的建立相当于在"后苏联空间"的黑海—里海地区建立起了同独联体抗衡的另一核心组织。古阿姆集团的形成表明俄罗斯影响力开始下降,独联体内部分裂有所加剧。集体安全条约签约国也产生了分化。1999年4月,亚美尼亚、白俄罗斯、哈萨克斯坦、吉尔吉斯斯坦、俄罗斯和塔吉克斯坦六国总统在莫斯科签署《关于延长集体安全条约的议定书》,议定书规定自动将其有效期延长至下一个五年期限。但阿塞拜疆和格鲁吉亚未签署该议定书,乌兹别克斯坦宣布暂时退出该条约。这与当时这些国家恐惧与俄罗斯过于密切的军事联系会损害其国家主权利益有关。

俄罗斯作为独联体实力最强的国家,是推动独联体地区一体化的主导力量。特别是普京担任俄罗斯国家领导人以来,一直强调独联体是俄罗斯的核心利益。俄罗斯的态度在某种程度上增加了独联体其他国家的不安全感和不信任感。它们担心俄罗斯推动独联体地区一体化客观上是为了联合,主观上是为了控制这些国家和地区,将其当成俄罗斯的缓冲带。即使到2011年普京提出欧亚联盟的设想、开启加速欧亚一体化的进程时,这种"主权让渡"的疑虑仍然存在。

2008年8月,俄格冲突加深了独联体国家对俄罗斯的恐惧和疑虑,独联体国家纷纷通过发展与欧美等大国的关系来平衡俄罗斯的影响。阿布哈兹和南奥塞梯的独立并没有得到独联体国家的承认。同样,2014年俄罗斯策动克里米亚公投,将其归并入俄的举动引起独联体国家的高度关切,部分独联体国家难以消除对俄罗斯的警惕和忧虑,甚至有些国家担心被"芬兰化"。在这之后,俄乌关系持续交恶,俄乌外贸额大幅度下降,并无向好迹象。乌克兰终于放弃了不结盟地位,转向谋求加入欧盟和北约。

二、"后苏联空间"地区的大国博弈

苏联解体后，美欧与俄罗斯经过短暂的蜜月期，很快就产生战略分歧。此后，美国对俄罗斯的政策从融合逐渐转向遏制，双方在北约东扩问题上的分歧与矛盾日益尖锐。2008 年俄格冲突后，美欧逐步把俄罗斯当成潜在战略对手，在"后苏联空间"地区国家同时推行实力外交与价值观外交。受西方与俄罗斯关系的影响，该地区部分国家强化了与西方国家的关系。

（一）俄欧走向对立

冷战结束后，俄罗斯欧洲政策的指导思想是建立新的统一的不可分割的大欧洲，积极推动和发展俄罗斯与欧洲的经济、政治和安全一体化进程，避免被排除在欧洲事务之外，从而实现俄罗斯在欧洲的地缘战略利益。彼时俄罗斯与欧盟关系发展相对稳定，欧盟为俄罗斯的经济建设提供了贷款和援助，俄欧建立了全面战略伙伴关系，签订了一系列合作协议。俄罗斯与欧盟的关系整体上保持了某种程度上的平衡。

2013 年底的乌克兰危机引发了俄欧双方的严重对立，克里米亚被并入俄罗斯版图，随后欧盟对俄罗斯实施制裁。这固化了俄罗斯与欧盟的对立结构，双方关系从此进入螺旋式下降轨道。俄欧对立的实质仍然是地缘争夺，是俄罗斯主导的欧亚经济联盟与欧盟推行的"东部伙伴关系"计划在"后苏联空间"地区的博弈。俄罗斯明确反对"东部伙伴关系"计划，认为这是欧盟在俄罗斯西部和南部边界附近建立自己势力范围的一种尝试。俄罗斯的目标是在西部边境保留缓冲地带以确保自身安全。俄罗斯反对形成"东部伙伴关系"地缘政治结构，及削弱其在这个地区的主导地位和影响力。

（二）俄美地缘争夺

美国在"9·11"事件后不断扩大在独联体地区的影响力，包括中亚五国、独联体内的欧洲国家和南高加索国家。在中亚地区，"9·11"事件后，美国借反恐之名进驻中亚，大幅提升美国在中亚的军事存在，力图将中亚打造为美国反恐战略的重要支点。2005年之后，美国又积极推行"大中亚计划"，运用政治、经济、军事、人文等综合手段加大对中亚国家的介入，削弱俄罗斯的地区影响力，妄图重塑中亚地缘政治格局。此后，美国对中亚的重视程度与日俱增，通过各种传统影响手段在中亚培养了大批亲美精英，哈萨克斯坦、乌兹别克斯坦外交政策中表现出的独立自主成分，除本国政治进程因素外，不同程度地都受到了美国及西方国家的影响。

中亚是俄罗斯重要的利益空间，在欧亚经济联盟和集体安全条约组织框架内甚至在上海合作组织框架内，俄罗斯与大部分中亚国家都有密切合作。俄罗斯在部分中亚国家设有军事基地具有法理依据。1995年《集体安全条约》缔约国通过"集体安全构想"，规定缔约国军事设施可以部署在其他缔约国境内，俄罗斯负有保卫其他缔约国安全的特殊责任。在"后苏联空间"范围内，俄罗斯与中亚长达三十年的一体化融合使俄罗斯在中亚占得先机，特别是在安全和防止来自阿富汗毒品走私方面，俄罗斯和中亚需要通力合作。受美欧政策影响，乌兹别克斯坦等中亚国家的政策呈现出摇摆性，但无法抹杀俄罗斯在这一地区仍占优势。

在欧洲板块，美国坚信"乌克兰对俄罗斯未来的演变是一个关键性的国家"，意图扶植一个亲西方的乌克兰，作为其欧亚大棋局的地缘政治支轴，成为反俄前哨。2004年乌克兰"橙色革命"、2008年乌克兰申请加入北约、2009年欧盟启动"东部伙伴关系"计划到其后阻挠俄罗斯主导的欧亚一体化方案,其背后都有美国的影子。

因俄白两国已结成同盟关系,长期以来,白俄罗斯都受到欧美制裁。欧美担心俄白两国或在联盟国家内部日益融合,可能改变欧洲的力量均衡,因此不遗余力地分化瓦解该联盟,防止其实现更高水平的一体化。2020年年初在俄白能源纷争之际,美国国务卿蓬佩奥访问白俄罗斯,许诺"以有竞争力的价格满足白俄罗斯100%的石油需求"。然而,2020年8月的白、俄两国大选危机中,欧美借机釜底抽薪,俄罗斯在联盟国家框架内成功助白俄罗斯化解了大选危机,为两国关系发展注入新的动力,两国关系得以强化。2021年9月,俄、白两国就有关联盟国家的所有28项合作计划达成一致,并宣布两国开始经济一体化。

除此之外,2020年,摩尔多瓦新任总统马娅·桑杜的外交转向也深受美欧影响。这位新总统为摩尔多瓦选择了亲西方发展路线,不仅在经济问题上,而且在德涅斯特河沿岸问题上都采取了与前总统伊戈尔·多东不同的政策。在高加索地区,美国向格鲁吉亚提供巨大的政治、经济、军事援助,策动"颜色革命"。2008年俄格冲突极大恶化了双边关系。俄罗斯出兵格鲁吉亚,单方面宣布并承认南奥塞梯和阿布哈兹独立。俄格冲突之后,格鲁吉亚宣布退出独联体,美国很快就与其签订了《战略伙伴宪章》,两国进一步强化了安全防务、经济贸易、文化教育等领域的合作。亚美尼亚是俄罗斯在南高加索地区重要的战略支柱,与俄罗斯有着密切的传统和现实联系。而俄罗斯与阿塞拜疆关系复杂,既是战略伙伴也是竞争对手。在亚美尼亚和阿塞拜疆两国间歇爆发的纳卡冲突中,俄罗斯左右为难:如果其力挺亚美尼亚,则可能让阿塞拜疆渐行渐远,最终成为新的敌人;但如果不对亚美尼亚全力支持，则会引发盟友的不满并导致俄罗斯主导的安全与经济联盟的整体性松动。在多重压力之下，俄罗斯最终不得不选择了平衡立场，这导致了亚美尼亚的不满。亚美尼亚接受了美国的援助，并在能源开发等领域开展合作。它在俄美影响之间寻找微妙的平衡。

（三）俄乌冲突

从历史和民族渊源上讲，乌克兰应该是与俄罗斯联系最为紧密的国家。然而，在美欧的影响下，乌克兰几乎完全脱离了俄罗斯的战略轨道。2013年11月，乌克兰前总统维克托·亚努科维奇宣布推迟与欧盟签署联系国协定，引发"广场革命"，乌克兰亲西方政治力量再次上台。随后克里米亚事件使俄乌关系全面恶化，乌克兰政府军与亲俄的乌东民间武装之间爆发冲突。2014年乌克兰危机后，乌克兰彻底放弃了该国的不结盟地位，把加入北约作为该国的外交目标。2014年3月和6月乌克兰与欧盟先后签订了准成员国协定的政治和经济部分，俄罗斯已经很难阻止乌克兰西去的步伐。2019年，乌克兰把加入欧盟和北约写入宪法。同年，乌克兰宣布终止1997年签订的《俄乌两国友好合作伙伴关系条约》，这份条约是俄乌关系的基础性文件。

2020年6月12日，北约宣布乌克兰成为北约"能力增强计划"新成员，乌克兰由此成为北约第六个获得北约能力增强伙伴国地位的国家。美国和北约对乌克兰军事援助及一系列支持行动加剧了俄罗斯的不安全感，俄乌关系陷入严重对立。某种程度上说，乌克兰的西向选择使俄罗斯遭受了最大的地缘政治失败。无论从历史联结、地缘状况还是民族心理上来说，乌克兰都是俄罗斯最后的底线。俄罗斯要保障自己与西方国家有稳固的安全缓冲带，绝不允许乌克兰被纳入西方国家轨道。2022年2月21日，普京宣布承认"顿涅茨克人民共和国"和"卢甘斯克人民共和国"。2月24日，普京宣布在顿巴斯地区发动以乌克兰中立和去军事化为目标的"特别军事行动"。俄乌冲突爆发后，西方国家纷纷宣布对乌克兰增加军事援助，对俄罗斯进行政治孤立和空前严厉的经济制裁。俄罗斯与西方国家关系全面停滞。

三、俄罗斯"后苏联空间"政策与实践

"后苏联空间"是俄罗斯的首要战略外延空间，也是俄罗斯与美国和西方国家战略博弈的"主场"。作为冷战时期的超级大国，俄罗斯对于在"后苏联空间"如何确立自己的位置以及实行何种政策，一直是俄罗斯面临的重要课题。俄罗斯的"后苏联空间"政策大致分以下几个阶段。

（一）俄罗斯"后苏联空间"政策的缘起

苏联的突然解体使得"后苏联空间"陷入严重的经济危机和政治混乱中。国内严重的经济危机使俄罗斯举步维艰，困境中的叶利钦采取了向西方"一边倒"的外交政策，1991年底成立的独联体形同虚设。1993年4月，《俄联邦对外政策构想基本原则》出台，该文件对独联体进行重新定位，表明俄罗斯要与独联体国家建立全新的平等互利关系。这意味着俄罗斯不再维持与独联体各国的统一经济、货币和防务空间。在安全方面，以最大程度获取"苏联军事遗产"为目标，配合美国推动该地区的无核化。在经济方面，俄罗斯推行激进"休克疗法"，使得区域内原本就深陷经济危机的各国"雪上加霜"。俄罗斯这种不顾及该区域内国家情感纽带的行为，导致其国际地位一落千丈。俄罗斯的亲西方政策并未使西方接受俄罗斯，相反北约的东扩使俄地缘战

略空间被不断挤压。俄罗斯意识到恢复大国地位需要有足够的地缘支撑，独联体地区是俄罗斯重新崛起的战略依托。1995年9月出台的《俄罗斯对独联体成员国战略方针》将独联体地区置于俄罗斯"切身利益区"的地位，并强调"加强俄罗斯在独联体的主导作用"。这标志着俄罗斯对"后苏联空间"政策的转变，开启了由俄罗斯主导的区域一体化进程。1994年《集体安全条约》正式生效，独联体国家着手建立集体防御空间，防止和调解区域内部的武力争端。经济方面，1995年，白俄罗斯、哈萨克斯坦和俄罗斯建立了独联体关税同盟，吉尔吉斯斯坦和塔吉克斯坦分别于1996年和1998年加入。这一时期的独联体国家还在推动文化交流和统一信息空间等方面签署了一系列合作协议。通过这些举措，俄罗斯在"后苏联空间"安全、经济、文化等方面的影响力大为增强，并开始主动介入地区冲突，积极履行斡旋职责，在区域一体化中的主导地位日益增强。与此同时，1997年北约东扩计划和美国"新中亚战略"的实施，使得俄罗斯对该地区一体化的主导地位遭遇挑战，俄罗斯主导的区域联盟面临分化的风险。1997年格鲁吉亚、乌克兰、阿塞拜疆和摩尔多瓦成立了亲西方的古阿姆集团，乌兹别克斯坦于1998年加入。1999年，格鲁吉亚、阿塞拜疆和乌兹别克斯坦退出《集体安全条约》。独联体一体化趋势受挫。

（二）放弃全面一体化时期

2000年，普京当选俄罗斯总统。面对国内严峻的经济形势和"后苏联空间"内日益加剧的美俄竞争态势，普京调整了叶利钦时期的外交政策，将俄罗斯国家利益作为其外交政策的根本出发点，以加强对"后苏联空间"的主导，确保俄罗斯国家安全和地缘利益。2000年1月出台的《俄联邦国家安全构想》提出把发展同独联体国家关系、与独联体国家进行符合俄罗斯利益的军事安全合作，以及维护独联体成员国边界安全作为确保俄罗斯国家安全的主要任务之一。同年6月，普京批准《俄联邦对外政策构想》，指出与独联体国家发展符合俄罗斯国家安全任务的多边和双边合作是俄罗斯对外政策的优先方向；与独联体所有成员国发展睦邻关系和战略伙伴关系是重要任务。这两份战略文件从安全层面和对外政策层面赋予了独联体特殊而重要的位置，成为普京独联体政策的基石。

在此背景下，普京在独联体地区展开了一系列外交活动。合作机制方面，多次组织召开独联体国家元首级会议，通过一系列法律文件，明确独联体多边合作的优先方向，通过渐进的方式完善合作机制。2000年6月，在独联体框架内的"国防部长俱乐部"和"独联体反恐怖主义中心"两个多边军事合作机制开始运作。2000年10月，俄、白、哈、塔、吉五国欧亚经济共同体成立。2003年，倡导成立俄、白、哈、乌四国统一经济空间，将乌克兰纳入一体化机制。俄罗斯还与独联体各国签署《独联体人文合作宣言》，加大与成员国人文领域的合作，在文化上加强对独联体的控制。

这一时期，针对该地区亲西方势力，俄罗斯采用强硬手段予以回击。在2005年乌兹别克斯坦"安集延事件"中，俄罗斯帮助乌兹别克斯坦总统卡里莫夫平息骚乱。作为"回报"，乌兹别克斯坦宣布退出古阿姆集团，并要求美军撤出驻该国军事基地。2006年，集体安全条约组织恢复了乌兹别克斯坦的成员国资格。2005年，俄罗斯国家杜马以相关国家频繁拖欠俄罗斯天然气费用为由，要求俄罗斯政府把对格鲁吉亚、摩尔多瓦、乌克兰等国的天然气供应价格提高到国际市场水平，并多次对乌克兰输气管道采取限压断供等措施。2003年，格鲁吉亚爆发"玫瑰革命"，这之后，格鲁吉亚在外交上全面倒向美国，时任格鲁吉亚总统萨卡什维利积极谋求加入北约，计划动用武力收回南奥塞梯和阿布哈兹。2008年8月，格鲁吉亚政府军与南奥塞梯武装交火，俄罗斯以保护当地的俄罗斯公民为名与格鲁吉亚开战。双方停火之后，俄罗斯时任总统梅德韦杰夫签署命令，宣布承认南奥塞梯和阿布哈兹独立。

（三）加强主导地位

2011年10月，普京提出建立欧亚联盟构想。普京希望整合"后苏联空间"、加强独联体主导地位，在该地区建立一个强大的超国家联盟模式，使其成为连接欧洲和亚太地区的纽带。2012年5月，普京开启了第三任期，再次强化了其独联体的外交。经济上，俄罗斯进一步强化欧亚经济联盟的战略，将深化与成员国合作当作一项非常重要的任务。2015年欧亚经济联盟成立并成功扩员，表明俄罗斯在独联体地区推行的欧亚经济联盟战略获得了初步成功。同时，俄罗斯主张实质性地发展集体条约组织，使其转型成为有威信的、多功能的国际组织，将集体条约组织变成欧亚地区确保和平与安全的最有效的政策工具之一。

这个阶段，俄罗斯与除乌克兰以外的其他独联体成员国关系发展平稳。乌克兰危机后，西方与俄罗斯关系全面恶化。面对美欧对俄罗斯的经济制裁，俄罗斯更加需要巩固与"后苏联空间"国家联系，俄罗斯采取了一系列措施。首先，俄罗斯进一步强化欧亚地区的经济合作。2015年，俄罗斯促成亚美尼亚、吉尔吉斯斯坦加入欧亚经济联盟，并与中国推进欧亚经济联盟和共建"一带一路"倡议对接，加强与中国在"后苏联空间"的经济合作。其次，加强对该地区政治问题的参与。包括协助白俄罗斯总统卢卡申科渡过因总统选举引发的政治危机，并推进俄白一体化进程；积极斡旋阿塞拜疆和亚美尼亚针对纳戈尔诺—卡拉巴赫（纳卡）问题的战争；加强集体安全条约组织的行动能力，稳定中亚局势等。最后，在区域内继续推行差异化的能源外交战略，继续以优惠价格对白俄罗斯出口油气，保障盟友的能源和经济安全；对于哈萨克斯坦、土库曼斯坦等能源出口国，俄罗斯则加大对其能源产业的投资和控股力度，确保俄罗斯对"后苏联空间"国家能源产业的主导地位。另外，2020年全球新冠疫情暴发后，俄罗斯积极支持该地区国家抗击疫情，加强地区经济、军事联系，稳定中亚局势，助力白俄罗斯渡过大选危机，积极调停纳卡冲突。2022年，俄乌冲突升级引发了部分"后苏联空间"国家对自身安全的忧虑。俄罗斯国力的耗损和西方的制裁使得俄罗斯对该地区的掌控能力大打折扣，但"后苏联空间"作为俄罗斯核心地缘利益区的地位并未改变。从经济层面看，俄罗斯是该地区绝大部分国家最重要的贸易伙伴和投资来源国，俄罗斯能源、货币、投资政策对"后苏联空间"经济发展和金融市场稳定意义重大。从安全方面看，俄罗斯在"后苏联空间"仍有一定的军事存在。这些驻军，有些掌控着区域内的争议领土，有些为俄罗斯盟友提供安全保障，成为俄罗斯巩固在"后苏联空间"影响力的基本保障。在内忧外患之中，"后苏联空间"对俄罗斯更加重要，俄罗斯在对外战略中保持该地区重要地位和优先方向这一原则不会改变。

第六章/冷战后中东地区安全

二战之后，中东地区阿拉伯民族国家相继独立，中东现代国家体系初步形成。冷战结束，苏联退出中东地区，美国通过海湾战争加强了在中东地区的军事存在。进入21世纪，2001年的"9·11"事件、2003年的伊拉克战争、2010年的中东变局、2011年美国从伊拉克撤军和2015年的伊朗核问题全面协议等一系列重大事件不断重塑中东地区的战略格局。在这个过程中，世界大国、中东地区大国以及非国家武装行为体，形成了不同层次错综复杂的竞争与合作关系网络。后冷战时期，中东地区安全中心的变化大致分为三个阶段：第一个阶段是1990年海湾战争后，美国在中东地区的存在与影响强化。美国成为影响中东地区的主要外部力量，中东地区矛盾激化，宗教极端势力崛起，最终发展为"9·11"事件。第二个阶段是2003年的伊拉克战争，美国发起的反恐战争彻底打破了中东地区原有的势力均衡，使中东地区进入了新一轮动荡。第三个阶段是2010年底，中东剧变推动中东地区彻底陷入了大动荡。

第一节 海湾战争后的中东战略格局

海湾战争使美国得到了中东地区的主导权。苏联解体后，美国在中东进一步成为占主导地位的唯一超级大国。尽管其他大国也努力向中东地区渗透，但它们都无法改变20世纪90年代美国在中东地区的主导地位。海湾战争改变了中东主要地区大国的力量结构，使它们的战略地位产生了不同的变化趋势。

一、中东地区大国的制衡结构

1990年8月，伊拉克发动对科威特的侵略战争。1991年1月，以美国为首的多国部队在获得联合国授权后对伊拉克军队发动军事进攻，海湾战争爆发。美军将伊军赶出科威特，恢复到入侵前的原状后就停止了军事行动，伊拉克的军事力量并没有被彻底摧毁。由于在战争中惨败，联合国又实行全面制裁，萨达姆政权曾一度面临被颠覆的危险。但萨达姆很快就控制了局势，对北部库尔德人和南方什叶派的反政府活动采取果断措施，保证了伊拉克的统一。尽管在伊拉克北方产生准自治的库尔德飞地，但并未对萨达姆掌控国家的其他部分构成威胁。伊拉克地位虽然下降，但仍是中东地区一支不可忽视的力量。

海湾战争后，伊朗在中东地区的地位上升。1988年，两伊战争结束后，伊朗致力于发展经济，经济实力明显增长。伊拉克被削弱后，伊朗成为主要受益国家，但伊朗并不具备控制海湾地区和左右中东局势的经济、政治与军事实力。海湾战争后，由于伊朗在战争期间采取不介入立场，给它提供了一个与海湾国家缓和关系的机会，但以沙特为代表的海湾国家和伊朗的矛盾并没有解决。出于对两伊的疑虑，以沙特为首的海湾国家支持美国对两伊的"双重遏制"战略，公开与美国结盟以寻求军事庇护。伊朗对海湾国家把美国和西方军队引入海湾持反对立场，海湾地区安全安排问题成为伊朗和海湾六国争论不休的问题。伊朗和沙特在如何扩大自己在伊斯兰世界影响问题上一直进行着明争暗斗。另外，美国在海湾国家的驻军引发了伊斯兰激进主义的兴起，极端思想在民众中广泛传播。由于伊朗支持伊斯兰激进主义，不断引发与周边国家的矛盾和纷争，使它难以发挥地区大国所能发挥的作用。总之，1990年的海湾战争削弱了伊拉克的军事优势，改变了中东海湾地区的实力分配，但并未改变该地区伊朗、伊拉克和沙特三方势力对抗的基本结构。

二、埃及在中东和平进程中的作用加强

美国与埃及的同盟关系得到强化，埃及恢复了中东地区的大国地位。在海湾战争中，埃及起到了关键作用，埃及出兵4万，成为以美国为首的多国部队中阿拉伯军队的主力。由于埃及的积极支持，许多阿拉伯国家加入了美国阵营。埃及的目标一方面是要削弱萨达姆政权，恢复自己在阿拉伯联盟中主导地位，另一方面是为了通过展示阿拉伯"温和国家"形象获取美国、西方国家的经济支持和债务减免。这使得在20世纪90年代，埃及成为美国在中东的重要盟友之一。埃及在之后的中东和平进程、中东地区经济合作、中东安全结构等方面均发挥了重要作用。1991年3月，埃及、叙利亚和海湾合作委员会六国签署《大马士革宣言》，主要代表了埃及关于海湾地区安全的安排，该宣言把海湾地区的

两个重要大国伊朗和伊拉克排除在外。埃及还积极调和阿拉伯世界与地区其他国家关系。1998年在埃及的斡旋下，处在战争边缘的叙利亚与土耳其签订了《阿达纳条约》，满足了土耳其对叙利亚停止支持库尔德工人党的要求。

三、中东地区国际关系趋向缓和

20世纪90年代，中东地区进入后冷战时代后，中东地区国际关系最突出的特征是整体趋向缓和。苏联解体后俄罗斯逐渐退出中东地区，为美国主导的中东和平进程铺平了道路。美国试图利用其在中东享有的优势地位，主导中东地区安全局势。缓和的主要表现是伊朗与沙特及海湾合作委员会国家关系的转暖、阿以和平进程带来地中海东部地区的缓和。

海湾战争后，伊朗和沙特恢复了外交关系。20世纪80年代伊朗和沙特关系的主题是冲突与对抗。伊沙关系在现代伊斯兰主义的发展、朝觐、地区安全和石油等问题上出现持续紧张和对抗。由于1987年的朝觐期间伊沙双方爆发了严重的冲突，因此，1988年4月，双方断绝外交关系。以1989年霍梅尼逝世、拉夫桑贾尼当选总统为契机，伊朗开始实施务实的外交政策，使伊沙关系出现转机。海湾战争期间，拉夫桑贾尼在海湾战争中严守中立，并努力进行斡旋，赢得了海湾国家的肯定。1991年伊沙双方恢复了外交关系，伊朗也恢复了朝觐。1997年哈塔米担任伊朗总统后主张文明之间的对话。伊朗主持召开了第八次伊斯兰合作组织首脑会议，进一步推动了伊沙关系的改善。此后两国关系的发展大力加速，双方高层频繁互访，在经济贸易、文教卫生、环境、能源、交通以及安全领域展开广泛的合作。总之，20世纪90年代，伊朗和沙特关系的主题是缓和与合作，海湾安全局势整体好转。

20世纪90年代，阿以和平进程主导了中东地区的安全态势。美国履行组建反伊拉克同盟时的承诺，开始管控中东地区冲突，力促巴以和谈，并取得一系列成果。1993年巴以签署《奥斯陆协议》，1994年以色列与约旦签订和平条约，2000年以色列从黎巴嫩南部撤军等。但巴以和平进程并没有彻底解决巴以矛盾，以色列拒绝停止修建定居点，以色列和叙利亚也未就戈兰高地问题达成一致。对非国家行为体，如哈马斯和真主党的制约非常有限。这都为后来巴以冲突的重新爆发埋下了隐患。

四、美国巩固了在中东地区的主导地位

海湾战争使以色列和沙特这两个中东重要国家和美国结成了更加紧密的同盟关系。无论是以色列还是海湾阿拉伯国家，都更加依赖美国。经过海湾战争，中东多数国家都认识到只有美国才能有效地干预和影响中东安全等问题。这主要是因为苏联解体使中东地区失去了能够与美国抗衡的国际力量。欧洲、日本的力量虽然也在扩大影响，但这种影响根本无法与美国竞争。从某种意义上说，沙特的稳定是美国中东政策的基石。因为中东石油产量主要集中在海湾地区，而沙特石油日产量占海湾地区日产量的70%。海湾战争期间，正是由于沙特大量增加石油产量，才保证了西方石油价格的稳定。

海湾战争后，美国在中东地区另一个重要变化是强化了与埃及和土耳其的关系。战后埃及得到了美国大量的经济和军事援助，其在中东的战略地位明显上升。同时，美国也密切了与土耳其的"伙伴关系"。美国试图利用土耳其以对付伊斯兰激进主义势力的扩张。另外，土耳其在突厥世界的影响力也是其他国家无

法替代的。海湾战争之后，美国主导了中东和平进程。美国需通过稳定中东局势来保证其能源的稳定供应。另外，海湾战争后美国成为中东军火的最大供应者。美国通过与沙特、埃及和以色列等国签订军售合同，建立特殊的政治军事关系。随着中东产油国重建工作的展开，美国银行开始大规模地向中东国家渗透。海湾战争的胜利为美国的资本和公司进入中东铺设了道路。

第二节 伊拉克战争后的中东力量格局

"9·11"事件后，美国对威胁的认知发生了重大变化，将恐怖主义和大规模杀伤性武器扩散的威胁作为其主要的战略目标。作为滋生恐怖主义的策源地，中东在美国全球战略中的地位再次凸显。美国解决中东问题的紧迫感上升。2003年3月，美军发动了针对伊拉克领导人的"斩首行动"，伊拉克战争正式爆发。由于美伊军力对比悬殊，战争结果在人们预料之中。与海湾战争不同，美国在战争前公开宣布其目标是要推翻萨达姆政权，在伊拉克实现民主化。伊拉克战争是美国中东战略发生重大转折的标志，代表着美国新保守主义思潮的高峰，是美国反恐战略和"大中东民主计划"的开始。伊拉克战争对中东地区的影响深远。之前的无论是两伊战争还是海湾战争，都未能打破伊朗和伊拉克双方的力量平衡，战争的结果并没有使中东战略格局产生重大变化。而伊拉克战争后，伊拉克作为地区大国的作用消失殆尽，彻底打破了中东地区原有的力量平衡。中东地区的政治安全关系面临深刻重组。

一、阿拉伯世界的力量被严重削弱

阿拉伯世界内部对立进一步公开化，地区大国领导能力下降。伊拉克是阿拉伯世界一个有影响力的大国，由于伊拉克战败，阿拉伯世界的力量被进一步削弱。统一是阿拉伯世界长期追求和珍视的理想，但半个多世纪的阿以冲突不仅没有增强阿拉伯团结，反而加深了阿拉伯各国间的分歧，海湾战争进一步加剧阿拉伯世界内部对立。在对伊拉克战争的态度上，阿拉伯世界明显分化。以科威特、卡塔尔等海湾小国和约旦为代表，支持美国攻打伊拉克。科威特由于武器采购、军事训练和美国在其国内驻军等原因，军事上严重依赖美国。卡塔尔等国则吸取了海湾战争的教训，接纳美国特种部队，以换取美国的经济援助。以埃及和沙特等国为代表的阿拉伯世界大国，在对待战争的态度上显得较为低调，一方面拒绝向美国提供支持，另一方面又尽可能避免触怒美国。以叙利亚为代表的什叶派国家，坚决反对美国动武。由于阿拉伯国家间的分歧，阿拉伯联盟未能发挥有效的作用。虽在伊拉克战争爆发前，阿拉伯联盟通过决议呼吁阿拉伯国家不要向美国提供支持，但并没有采取任何行动。伊拉克战争暴露了阿拉伯世界各不相同的动机与利益分歧。在海湾战争期间，埃及和沙特还能在阿拉伯世界发挥一定的影响力，对阿拉伯小国产生影响。但在伊拉克战争后，阿拉伯国家将国家利益置于反以的意识形态之上。一方面埃及等大国的领导力有所下降，另一方面也越来越不情愿承担领导责任，阿拉伯国家作为整体在战后中东格局中的话语权被进一步削弱。

二、中东国家的危机感加深

美国在伊拉克战争中表现出的强硬态度使中东国家的危机感加深，原来政治上针锋相对的国家开始相互接近，中东国家加强协调的趋势有所抬头。伊拉克战争打破了中东地区原有的地区平衡，中东地区的各种力量面临着重组。

美国顺利占领伊拉克，增强了美国塑造中东政治进程和推行"大中东民主计划"的信心。与海湾战争不同，美国在这次战争中并没有获得阿拉伯国家的支持。许多阿拉伯国家特别是埃及和沙特对美国的战争动机充满疑虑。在伊拉克战争之前，美国较为倚重沙特的石油和军事基地。但伊拉克被美国占领后，沙特对美国的战略价值下降。埃及也面临着美国推行民主的压力。在战争开始的前一年，美国拒绝了埃及1.3亿美元援助的请求，指责埃及国内的人权问题，要求埃及加快民主改革的步伐。2002年8月，这是美国第一次在阿拉伯世界将提供援助与人权问题联系在一起。与沙特和埃及相比，叙利亚和伊朗这两个美国眼中的"无赖国家"面临更大压力，失去伊拉克的战略缓冲后，它们面对美国直接的军事威胁。伊拉克战事刚刚平息，美国就将矛头直指叙利亚，指责叙利亚在战争中支持伊拉克，帮助伊拉克转移和隐藏大规模杀伤性武器以及庇护伊拉克领导人。土美关系也由于伊拉克战争而受到损害。库尔德问题一直是土耳其政府的隐患，土耳其政府不同意美国从其境内开辟对伊拉克战争北方战线，一个重要的因素就是库尔德问题。美国在伊拉克的军事存在可能会危及土耳其的安全利益。正是由于面临着共同威胁，以往中东格局中温和派国家和强硬派国家的对立开始缓和，宗教和意识形态上的分歧让位于共同的安全考虑。2003年4月，沙特、伊朗、土耳其、叙利亚、埃及等 8 国外长一起举行紧急会议。各国外长重申，伊拉克的主权和领土完整必须得到保证，这表达了这些国家对中东政治边界和版图可能受战争影响而发生变化的严重忧虑。

三、阿拉伯世界内部的反美情绪和伊斯兰激进主义思潮出现反弹

伊拉克战争对阿拉伯世界舆论和民意产生了巨大冲击，在阿拉伯世界引发了反美浪潮。在巴格达被美军攻克之后，阿拉伯世界的舆论弥漫着一种悲观失望情绪。美军在巴格达街头的暴行在阿拉伯世界引起巨大反响，一种受屈辱和绝望的情绪在滋长，这在很大程度上类似于"六五战争"之后的情况，阿拉伯世界在第三次中东战争中的惨败导致了伊斯兰激进主义的兴起。在这次伊拉克战争前后，阿拉伯民间虽举行了各种抗议活动，但在很大程度上受到了阿拉伯国家政府的严格控制。而且阿拉伯国家政府的这种政策难以长久维持国家稳定，阿拉伯民间一直压抑着的反美和反以情绪被极端组织和恐怖组织所利用。伊斯兰复兴运动对各国政府来说，的确是一个现实的严峻威胁。

四、巴以问题被边缘化

伊拉克战争之后，以色列成为战争的最大赢家，巴以问题被边缘化。"9·11"事件后，美以关系更加接近。美国新保守主义理念与以色列的外交安全政策有许多相通之处，双方都强调绝对安全，强调发动预防性进攻的重要性。美国发动伊拉克战争需要以色列的支持。伊拉克战争之后阿以力量对比进一步失衡，以色列在中东和平进程中的绝对优势地位更加稳固。伊拉克战争之

后，伊拉克从一个激进的反以国家转变为一个亲美国家，对巴勒斯坦问题的热情随之消退。以色列的周边安全环境大幅改善，埃及、土耳其、以色列、约旦和伊拉克连成了一片，叙利亚和巴勒斯坦更加孤立。尽管阿以冲突在政治和象征意义上仍是中东问题的核心，但它已不再是地区动荡的震源。巴勒斯坦在中东和平进程中的地位进一步被削弱。在海湾战争中，美国之所以争取到许多阿拉伯国家的支持，很大一个原因是美国承诺在战后启动中东和平进程。但在伊拉克战争中，美国始终不愿将伊拉克问题与巴以和谈困境挂钩。美国认为巴勒斯坦人在萨达姆倒台后会更容易接受一个新的和平方案，因此并不急于解决巴以冲突问题。美国政府解决中东和平问题的逻辑发生了变化。伊拉克战争结束后，美国不顾国际社会的压力，迟迟不公布中东和平路线图，相反还把巴勒斯坦的民主改革作为恢复巴以和谈的先决条件，要求巴勒斯坦新领导人控制反以的暴力活动。中东和平进程已逐渐偏离了原有的轨道，和平不再是对等的。巴勒斯坦面临着艰难的抉择，要么接受一个主要由以方提出的苛刻和平方案，实现强制下的和平，要么就没有和平。

第三节　中东变局后的"碎片化"

2010年底中东剧变发生后，阿拉伯国家陷入全面动荡。埃及、利比亚、突尼斯、也门等发生政权变更，叙利亚深陷战乱泥潭。中东地区秩序呈现"碎片化"趋势。伊斯兰极端势力从扩张走向衰落，叙利亚、伊拉克和也门的动荡加剧并形成了逊尼派和什叶派两大地区联盟的对抗。伊朗、沙特、土耳其等国家在中东地区的影响此消彼长。美、俄等域外大国卷入地区争端，中东动荡的地区外溢效应加剧。2011年底，以美国从伊拉克撤军为标志，中东力量格局再次处于重组和变化之中。

一、阿拉伯世界群龙无首

（一）埃及丧失中东大国地位

2010年底开始席卷整个中东地区的剧变给埃及带来了两次政权更迭，威权领导人穆巴拉克被穆斯林兄弟会（以下简称穆兄会）力量的代表穆尔西打倒，而后者很快又被塞西将军推翻。2013年塞西上台后，埃及重回威权老路。塞西执政以来，埃及政府收紧社会管控，当局削减补贴等措施使广大中下层民众生活成本大增。埃及政局持续内乱导致经济竞争力严重退化，曾经的"北非粮仓"需要依赖外援输养度日。埃及塞西政府为摆脱经济困境和稳定政局而苦苦挣扎，被迫进行经济改革，兴建大批基础设施。以沙特为首的海湾合作委员会国家凭借丰厚的石油财富，成为埃及经济发展的主要外部"输血方"，导致埃及在国际和地区重大事务上基本同沙特保持步调一致。动荡带来的衰退使得埃及中东政策的独立性和在地区的影响力都大打折扣，埃及综合国力和影响力大幅萎缩，无力继续在阿拉伯世界和中东地区发挥大国作用。沙特在中东地区的优势地位边缘化了埃及作为地区领袖的传统角色。埃及国内政治变革受到海湾国家和土耳其等外部势力的干涉。

（二）伊拉克政府的控制力被严重削弱

2003年美国武力介入伊拉克、推翻萨达姆政权后，伊拉克进入了美国主导的漫长重建阶段。萨达姆政权的倒台，宣告逊尼派在伊拉克统治地位的终结。原来一直受打压的什叶派成为战后伊拉克政府的主导者。新政府并没有带来秩序和稳定。国力的衰弱使伊拉克丧失了独立性和地区影响力，主权和政府的权威受到国内外各种力量的挑战。伊拉克库尔德地方政府等次国家行为体不断从内部消解着伊拉克中央政府的权威。伊拉克中央政府无力打击"伊斯兰国"。2014年6月，伊拉克北部第二大城市摩苏尔落入"伊斯兰国"之手。几天之内，"伊斯兰国"占领了伊拉克近1/3的国土，伊拉克内部完全处于混乱之中。由于伊拉克中央政府无力应对，这使伊拉克民众完全失去了对其的信任。为抗击"伊斯兰国"，由50个民兵组织和6万多名战士组成的伊拉克人民动员军成立。这导致大批拥有武器的次国家、非国家行为体崛起，伊拉克国内秩序呈现碎片化态势。在美国入侵伊拉克后，伊拉克新政府的控制力被严重削弱，使其成为各方势力争夺的角力场。随着伊朗在伊拉克影响力的增强，一个"什叶派新月带"区域开始形成。

（三）阿拉伯君主制国家的变革

阿拉伯君主制国家虽没有出现大动荡，但都深刻意识到中东剧变对家族政治的破坏力。尽管暂时可以凭借优越的福利制度消除部分社会群体对现有政权的不满，但从长远来看，阿拉伯国家的政治转型已是大势所趋，部分阿拉伯君主开始自发寻求改良革新。2013年6月，卡塔尔实现了国家最高权力的和平过渡与平稳交接。沙特也首次宣布赋予妇女选举投票权，以提高推行民主政治的参与能力。经历动荡的摩洛哥也对皇室成员主导内阁的传统进行改组，扩大本国普通公众平等参与政治事务的机会。尽管物质财富极为丰富的沙特意欲承担中东地区大国的职责，但经济优势无法弥补沙特在国际和地区事务上政治领导力不足的缺陷。尽管作为一个集团的阿拉伯国家仍然是中东最大的政治势力，但难以改变其内聚力不足、向心力弱化的现实态势。

二、沙特与伊朗在中东地区的冲突与博弈

（一）沙特影响力上升

2011年，席卷阿拉伯世界的动荡引发了沙特外交政策的重大改变。2011年，沙特和卡塔尔、摩洛哥、约旦一起，作为"北约联合保卫者行动"的参与者向利比亚派出部队，打击前总统卡扎菲。2014年9月和约旦一起加入美国的反恐国际联盟向伊拉克和叙利亚派兵打击"伊斯兰国"。2015年1月，萨勒曼即位成为沙特国王后，出台了更加激进地依赖军事手段来维护其国家利益的对外政策。2015年3月，沙特组建了10国参与的阿拉伯联盟，以打击伊朗支持的胡塞武装，保护沙特所支持的也门哈迪政府。沙特是对动荡阿拉伯国家的干涉行动，是一种基于教派主义的干涉主义外交。一方面，原有的多个政权垮台，使"伊斯兰国"在伊拉克、叙利亚肆虐，巴林、伊拉克、叙利亚、也门等国家的动荡构成了对沙特等君主国的直接威胁。另一方面，伊朗通过对这些动荡国家什叶派团体的支持，推动"什叶派新月带"的形成和扩展。沙特将什叶派与逊尼派冲突视为地区安全的主要威胁，并采取军事行动进行干涉。

在外交方面，沙特积极利用各种机制推动叙利亚政府的政权更迭。沙特等利用掌控阿拉伯联盟中止叙利亚的成员国资格，对阿萨德政府发起政治和经济制裁。沙特和海湾合作委员会支持摩洛哥和西方一起，多次向联合国安理会和联合国大会进行涉叙问题的提案，强行推动叙政权更迭。沙特还是叙利亚反对派最大的支持者，尤其支持其中的萨拉菲派别。不仅为反对派提供武器装

备，还通过协调促使反对派形成同一立场，意图使其支持的反对派在叙利亚政治和解进程中占据有利地位。在埃及问题上，沙特不仅插手了其推翻穆兄会的政变，还以援助为诱饵，促使塞西政府支持其在地区事务上的主导权。

（二）伊朗与"什叶派新月带"影响力上升

自1979年霍梅尼革命以来，伊朗在战略上一直处于孤立状态，叙利亚是其中东地区唯一的盟友。2003年伊拉克战争后，外力打破了中东地区的平衡，客观上增强了伊朗的相对实力，为伊朗影响中东力量均衡创造了有利环境。2010年末爆发的"阿拉伯之春"席卷中东地区后，在巴林占人口多数的什叶派民众爆发反对逊尼派哈利法家族统治者的起义，在也门什叶派民兵组织胡塞武装发动内战推翻了沙特支持的哈迪政府，叙利亚阿萨德政府产生危机。叙利亚人口以逊尼派阿拉伯人为主，如果阿萨德倒台，逊尼派教派可能会在大马士革执政，这将严重损害伊朗的地缘政治战略。为此，伊朗向阿萨德政府提供了数十亿美元的贷款、信贷和石油补贴，并提供了常规和非常规的军事援助以及情报培训与合作。伊朗还通过真主党和革命卫队"圣城旅"支持叙利亚政府军对抗反政府武装。2015年9月，俄罗斯、伊朗直接介入叙利亚内战，保住了阿萨德政权。反过来，叙利亚为伊朗提供了一条重要的地理通道，以帮助伊朗武装和资助黎巴嫩什叶派民兵真主党。这样，从伊朗经伊拉克南部、叙利亚直到黎巴嫩南部形成一个"什叶派新月带"。为了巩固和强化"什叶派新月带"的力量，伊朗向伊拉克、叙利亚的什叶派政府和包括黎巴嫩真主党在内各种什叶派组织提供人力、物力、财力等各种支持和帮助，使该区域成为伊朗施展影响力和获取利益的重要管道。沙特认为一个拥有建立伊斯兰帝国野心的波斯什叶派伊朗主导该区域，将对逊尼派阿拉伯国家产生严重的安全威胁，把也门胡塞武装、黎巴嫩真主党、叙利亚阿萨德政府和伊拉克什叶派民兵武装视为伊朗的代理人。这导致沙特等逊尼派联盟与伊朗领导的什叶派集团之间陷入冲突与竞争之中。沙特与伊朗展开地区影响力竞争，介入中东地区几乎所有热点问题，既消耗了自身国力，也破坏了经济发展的外部环境。

三、土耳其介入中东地区安全竞争

中东剧变发生后，中东地区成为土耳其外交的重要舞台。传统的阿拉伯大国埃及、叙利亚或是陷入动荡或是陷入内战，实力明显衰落。土耳其以中东剧变为契机，积极主动地介入周边地区事务，试图重塑其大国影响力。土耳其动用强硬手段推行冒进的地区政策，出兵叙利亚，试图在叙利亚北部地区建立所谓"安全区"。在利比亚内战中，向利比亚政府军提供军事支持，企图掌握利比亚国内和解进程的主导权。2019年10月，土耳其发起"和平之泉"军事行动，土军及其支持的叙利亚反对派武装在叙土边境东段向南突进，打击控制该区域的叙利亚库尔德武装。2020年，土耳其继续在边境地区建立"缓冲带"，土耳其在卡塔尔和索马里部署军事基地，介入叙利亚、利比亚和纳卡冲突，在东地中海争夺天然气资源。土耳其政策导致其与叙利亚和伊拉克等周边国家摩擦不断，对周边地区的过度介入加剧了土耳其外交政策所面临的战略风险。这不仅导致土耳其被迫卷入周边地区冲突，与世界主要大国的关系也更加紧张。叙利亚危机久拖不决，叙土边境库尔德人出现合流，恐怖主义与民族分离主义逐渐成为土耳其国家安全的威胁。

中东地区长期以来战乱频繁，是国际局势最动荡的地区，其复杂性特征有着深刻的历史根源和现实动因。中东民主变革在一定程度上就是美国强行打破地区平衡的结果，致使中东地区本已"碎片化"的分裂格局加剧。中东安全局势的发展出现一些新特点，表明未来中东政治格局已然进入重大转折的历史关头。

第七章/东亚地区安全

21世纪，东亚是世界政治经济的中心之一，也是内部矛盾冲突最多、与域外大国竞争最激烈的地区。中日钓鱼岛争端、韩日独岛（竹岛）争端、俄日南千岛群岛（北方四岛）之争、中国的台湾问题、朝鲜半岛危机等都是潜在的冲突之源。从安全角度看，东亚地区安全问题的主要特征是域外大国的介入，使区域安全与域外大国存在很强的互动关系。美国长期视东亚为确保世界霸权地位的中心区域，并对中国崛起充满疑虑。东亚历史遗产和美国主导地区安全事务的事实，使东亚安全秩序的建构异常复杂。东亚安全秩序的特殊性在于，域外大国期望长期发挥主导作用，区域内大国相互制衡，以东盟为中心的区域合作机制是东亚秩序的核心。

第一节 东亚地区安全秩序的基础

在东亚地区，冷战留下的最大遗产是由美国主导的同盟体系。同盟并没有随着冷战的结束而自行解体，美国在东亚地区安全问题上继续发挥着主导作用。尽管东亚地区国家关系历经各种发展变化，但美国领导的"轴辐体系"始终是维持地区稳定的不变基石。[①] 其原因：一方面它符合美国的战略需要，另一方面它也符合美国盟友平衡中国的安全需要。东亚安全秩序的基础是战后美国在东亚建立的双边同盟体系，其中美日同盟体系是地区安全秩序的基石，与美国同韩国、菲律宾、泰国等同盟或者其他伙伴关系一道，共同构成了美国东亚地区安全秩序的基本框架。

一、美国强化双边同盟体系

1950年朝鲜战争爆发后，美国在东亚建立了以双边军事同盟为核心的地区安全结构。美国通过与日本、韩国、菲律宾、泰国等签署双边军事条约，强化了美国在东亚地区的影响和军事存在。不但构筑了包围远东地区的军事条约体系，而且借此使自己成为东亚安全的核心。在东亚的同盟体系中，美国是毫无争议的主导力量，为区域内盟国持续提供安全保护。

冷战结束后，以美苏对抗为主要特征的两极秩序发生了深刻变化，然而东亚却依然残留大量冷战遗产，原有的势力范围依然如故。苏联解体后，美国作为唯一的超级大国，其战略优势进一步扩大。1995年2月，美国国防部发布的《东亚及太平洋地区安全战略报告》中称，美国在亚洲的利益是一贯的，即维护地区和平与安全；该地区的市场向美国开放；自由航行以及阻止出现针对美国的霸权国家或联盟。[②] 为保护和促进它在东亚的这三项利益，美国需要强化其双边同盟体系，以防止其他大国获得主导地位。

---

① G. John Ikenberry, "American Hegemony and East Asian Order," Australian Journal of International Affairs, Vol. 58, No. 3, 2004, pp. 353–367.
② United States Department of Defense, "United States Security Strategy for the East Asia – Pacific Region," February, 1995.

同盟是美国寻求其他国家的合作以扩大其力量，保证和推进其利益的主要手段之一。从地理上讲，美国并不是一个东亚国家，因此在东亚地区保有强大的军事力量是美国在这一地区，尤其是在这个地区的安全领域发挥作用的支柱性因素之一。二战后，美国一直在东亚地区维持着数量可观的军队。冷战结束初期，这一同盟体系曾一度有所松懈。例如，在菲律宾的要求下美国撤出了在菲律宾的海空军基地。由于在贸易领域有所摩擦，美日同盟一度有所削弱。但美国很快认识到这些盟友对于冷战后它在该地区保持和扩大影响的价值，以1995年2月发表《东亚及太平洋地区安全战略报告》为标志，开始了一系列强化同盟的努力。1996年4月16日，美日共同发表了《美日安全保障联合宣言》，此后制订了新的防卫合作指针，美澳也于同年7月签署了《关于21世纪澳美战略合作伙伴关系的悉尼联合安全声明》，美菲也于1998年达成了《美军访问地位协定》，恢复了联合军事演习、联合训练和舰队访问。通过这些行动美国在这一地区的双边军事同盟体系得到了加强。首先，美国在东亚前沿部署所必需的基地保障得到了确认。美国在东亚地区有10万驻军，其中3.7万驻扎韩国，4.7万驻扎日本，其大部分基地是由盟国提供的。美国在韩国和日本拥有众多的基地，其中根据新的《美日防卫合作指针》，在战时美军可以使用日本的民用机场、港口和设施。美国与新加坡、马来西亚、印尼、文莱签有使用其海军设施的协议。这些基地和军事设施与美国在太平洋地区和美国本土的基地联系在一起构成了一张完整、严密的军事网络，它控制了这一地区几乎所有的海上战略要点、交通要道，大大增加了军队的调动、补给能力。军事同盟体系的加强改善和强化了美国在东亚地区的战略优势。其次，丰富和扩大了战略资源。新的《美日防卫合作指针》进一步明确和扩大日本及其自卫队在这一地区为美军提供支援的范围和职责；美澳之间就人员往来、情报交流和军事演习加强合作并进一步强调了相互支援。这些都使美国在这一地区可调动战略资源有了进一步的增长。

以此为基础，美国介入了几乎所有重要的东亚事务，并在其中扮演着某种关键角色。就地区热点问题而言，在台海问题上美国以所谓的"与台湾关系法"为依据介入本属中国的内部事务。在朝鲜半岛问题上，一方面，美国以美韩同盟为其在朝鲜半岛立足的支撑点和着力点；另一方面，利用1994年10月签署的《朝美核框架协议》、朝鲜半岛能源开发组织、粮食援助等与朝鲜建立沟通渠道，试图在朝鲜半岛事务中获得主动权和主导权。就地区多边事务而言，一方面，美国多次挫败了东亚国家将美国排除在外的地区多边机构的努力。如马来西亚总理马哈蒂尔提出的"东亚经济核心论坛"、1998年日本提出的"亚洲货币基金"。另一方面，积极组织以其为主导的区域多边机制。例如，美国参与并主导了由东亚国家倡导的亚太经济合作组织进程。另外，美国还在东盟地区论坛、东北亚安全合作对话等多边机制中扮演积极角色。

二、美国东亚安全政策的局限性

尽管美国在东亚地区具有一定的实力基础和诸多有利条件，但实践表明美国并不具备独自解决东亚安全问题的能力。尤其是随着中国在东亚安全事务上的作用日益增强，美国越来越力不从心。美国主导东亚安全秩序有三个基本政策工具，即加强同盟、强化军事优势、积极介入东亚地区的事务。而这些政策的局限性对东亚安全秩序的稳定带来了明显的负面效应。

就强化同盟关系而言，上述三个基本政策是其为促进地区稳定、确保地区和平与繁荣的共同目标而进行安全领域交往的主要手段。从美国在东亚地区的总体战略来讲，美日加强同盟是一个步骤，这为美国的亚太安全战略打下了基础。但维护地区和平与安全，美国必须争取与中国建立积极的协调关系。

美国的同盟政策是冷战年代东亚地区敌友界限分明的产物。而冷战结束后，东亚国家之间虽然在局部利益或战略利益上存在着某种竞争，但是各国之间并没有明显的敌友界限。在这样的形势下，美国为强化同盟关系人为地将东亚国家分为两个敌对部分，造成处于同盟体系外国家的"安全困境"，从而对冷战后东亚国家之间建立信任的努力造成消极影响。这不仅达不到稳定地区安全秩序的目的，而且可能制造更多的安全问题，使东亚安全局势进一步复杂化。美国与日本、韩国、澳大利亚、泰国和菲律宾强化同盟关系的措施，促使其他国家不得不采取被动的防卫措施。在世界历史上由这种防卫性措施所导致的连续反应，最终发展成为实际争端和冲突的例子屡见不鲜。因此，将军事同盟视为地区和平基石的主张从根源上说就是有问题的。

美国推行的另一项政策，就是强化和扩大美国在军事力量方面的优势。冷战结束和苏联解体，已使美国在军事力量方面获得了无人能望其项背的优势。即使在这种情况下，美国仍不断扩大其军事力量方面的优势，期望发展到无人能及的程度。例如，美国以各种借口在东亚地区部署战区导弹防御系统，以及在其本土研发和部署国家导弹防御系统，从而进一步扩大美国的军事优势。美国的这些举措，不仅威胁大国战略平衡，以及1972年苏美在《反弹道导弹条约》基础上建立的全球限制和削减发展战略性武器的机制，而且加剧了中美关系的紧张，促使中国改善和更新自身的远程核打击能力，其中包括部署能突破美国部分导弹防御体系的装置。

在积极介入东亚地区事务方面，美国的政策也面临较大问题。尤其是美国介入一些国家内部事务，造成了相当严重的问题。其中最具典型的就是美国介入中国台湾问题，导致中国台海的紧张局势持续升温。造成台海局势紧张的最初原因，就是台湾当局试图改变台海局势现状，主张将台湾从中国的版图中分离出去。而美国方面各种形式的支持是"台独"势力迅速发展最重要的外部因素。1979年美国国会通过"与台湾关系法"，1992年开始向中国台湾地区出售大量先进武器，1995年邀请李登辉访美，1996年派两艘航母为"台独"分裂势力站台，1998年提出将台湾地区纳入战区导弹防御系统的可能性等。美国在事关中国领土完整这样核心利益的问题上，如此明显地偏向"台独"分裂势力的立场，几乎导致中美两个大国在该地区迎头相撞。实际上，美国介入中国台湾问题的政策极大破坏了台海地区的稳定。

三、美国与中国协调处理地区安全问题

美国意识到其无法单独解决东亚安全问题，必须通过与其他大国合作来解决。中国与美国及其主要盟国形成多边机制，共同处理地区安全问题。2003年启动的朝核问题六方会谈就是典型的例证。在这一框架下，事实上形成了美日韩为一方，中国为另一方的多边协调机制，并一度有效地使朝核问题趋于平静。2005年9月19日，第四轮朝核问题六方会谈"共同声明"发表，布什政府承诺不攻击朝鲜以及保障朝鲜的安全，同时朝鲜承诺放弃一切核武器和现有核计划，早日重返《不扩散核武器条约》，回到国际原子能机构的监督保障下。2007年2月13日，第五轮朝核问题六方会谈第三阶段会议在北京通过"2·13共同文件"，规定美国取消对朝鲜的金融制裁，而朝鲜应该将宁边核设施"去功

能化",并欢迎国际原子能机构核查以及报告其所有的核计划。2008年6月,朝核问题六方会谈中方代表团团长、外交部副部长武大伟发表声明称,朝方于当日向六方会谈主席国提交了核申报清单,美方将于同日履行其将朝鲜从"支恐"名单中去除和终止对朝鲜适用《敌国贸易法》的承诺。

为避免迎头相撞,中美双方在台湾问题上也进行某种协调和合作。为了遏制陈水扁当局的法理独立,中国不断敦促美国向"台独"势力施压,并得到了美方的积极响应。2007年9月,包括助理国务卿帮办、副国务卿、国务卿在内的美国国务院高级官员先后公开表示反对"台独"的法理独立步骤。时任美国总统的布什也在不同场合重申美国坚持一个中国原则。中美双方的协调努力使得2008年台湾地区举行的"入联公投"和"领导人选举"不但没有引发军事冲突,反而伴随的是更加稳定的和平前景。2008年6月,海峡两岸关系协会和海峡交流基金会协商谈判重新开启,并就两岸周末包机与大陆居民赴台旅游签署协议,两岸关系的改善和发展有了良好的开端。

在地区安全问题方面,中美就东海和南海问题达成原则共识。2008年6月,中日两国一致同意在实现划界前的过渡期间,在不损害双方法律立场的情况下进行合作。中国企业欢迎日本企业法人按照中国对外合作开采海洋石油资源的有关法律,参与对春晓油气田的开发。中日两国政府对此予以确认,并努力就进行必要的换文达成一致,尽早缔结。2002年11月4日,中国与东盟国家签署了《南海各方行为宣言》,该宣言强调,各方希望为和平与永久解决有关国家间的分歧和争议创造有利条件。有关各方承诺根据公认的国际法原则,包括1982年《联合国海洋法公约》,由直接有关的主权国家通过友好磋商和谈判,以和平方式解决他们的领土和管辖权争议,而不诉诸武力或以武力相威胁。

这些原则立场与美国和平解决南海问题的立场完全吻合。总体而言，冷战后困扰东亚安全的诸如朝核问题、台海问题、东海问题和南海问题等，都通过和平手段得到了有效缓解，其主要协调机制均有赖于美国与中国间的协调和共同参与。

第二节　东亚地区安全合作机制

东亚经济崛起带动了其国际政治地位的提升。东亚地区重要性的提升，除了归功于东亚各经济体的社会和经济发展外，东亚国家之间的积极合作也功不可没。东亚合作以经济驱动为开端，明显体现出政治经济相分离的特征。冷战结束以来，东亚经济合作的制度化框架逐步建立和完善，从政治对话起步的安全协调不仅确保了东亚总体的和平、稳定，而且开始在战略层面发挥效应。尤其是中国崛起带动了东亚经济发展，促进了东亚地区的深入合作。作为一个整体，东亚国家正在逐渐赢得更大的影响力和自主权。促进东亚合作符合该区域内所有国家的利益，东亚共同体被接受为东亚秩序的愿景。

一、东亚地区多边合作制度的建立与演进

东亚地区合作的构想由来已久，自1990年马来西亚总理马哈蒂尔提出"东亚经济集团"以来，东亚地区国家就不断进行着地区合作和一体化的努力与尝试。1997年亚洲金融危机之前，东亚缺乏地区性的政府间合作协议。亚洲金融危机的教训触发了东亚的全面经济合作。进入21世纪，朝鲜半岛的紧张局势、中日

之间的领土争端、南海问题、台湾问题以及日本右倾化的外交和防务政策等现实问题，都表明原有的东亚安全机制已无法解决地区安全问题，地区安全秩序面临转型。

（一）东亚地区合作框架

与欧洲不同，东亚地区并没有以规则为基础，而是通过建立契约进行多边合作的历史传统。冷战结束后，东亚国际关系长期被两极体系所塑造，这一体系主要以美国和其地区盟国的双边联盟网络为基础，其特点是多边制度特别是正式制度的相对缺乏，这使东亚一直是一个分离的地区。金融危机成为东亚地区普遍共享的共同经历，促使各国意识到东亚经济、政治和社会相互联系在一起的重要性，避免另一场危机的共有意愿为新地区主义在东亚的发展提供了社会支持。

东盟成立于1967年，是东亚地区最重要的综合性多边合作架构，但这一由几个小国构成的组织仅局限在东南亚地区，力量薄弱，难以支撑整个东亚地区的多边合作制度建设。为此，1995年12月第五次东盟首脑会议上，东盟与中日韩三国举行首脑会晤的设想被提出。亚洲金融危机的爆发，是东盟与中日韩领导人非正式会晤机制启动的催化剂。1997年12月，第一次东盟与中日韩领导人非正式会晤机制正式启动，这是东亚地区国家领导人第一次聚集在一起。此后，每年在召开东盟会议的同时召开"10＋3"会议，东盟"10＋3"领导人会议机制作为一个具有论坛性质的对话渠道逐步机制化。

东盟"10＋3"领导人会议由于参会主体的特殊性，具有为地区未来整体性合作指引方向、确定基调的能力。1999年底，第三次东盟"10＋3"会议发表《东亚合作联合声明》，并根据韩国的建议建立了"东亚展望小组"，每年向东盟"10＋3"领导人会议提交《东亚展望小组报告》。2001年第五次东盟"10＋3"领导人会议上，各国领导人建议由"10＋3"框架向东亚机制过渡，把建立"东亚共同体"作为东亚合作的长期目标。2004年11月在老挝举行的第八次东盟"10＋3"会议上，各国就2005年在马来西亚召开首届东亚峰会达成共识，并决定启动东亚自贸区可行性研究。在"10＋3"制度框架下，还建立起了包括外交、财政、经贸、农业多个领域的部长级会议机制，形成了地区国家在各个议题领域上，政府部门之间制度化的沟通、谈判平台，以促进东盟"10＋3"领导人会议中提出的地区合作倡议能够在实践层面得以落实。这也是东盟"10＋3"制度框架能够作为东亚地区合作"主渠道"的重要基础。

按照最初设想，东亚峰会本应成为"10＋3"制度框架的"升级版"，在新的层次上推动东亚地区多边合作的深化，并以建立东亚共同体为长期目标。但中日两个大国在东亚峰会成员范围问题上出现了分歧。中国认为，东亚峰会的成员应该以东盟和中日韩三国为核心，不支持在成员上的扩展，以避免"泛东亚化"问题的出现。日本则为了平衡中国在地区合作中的影响力，提出应该邀请澳大利亚、新西兰这两个大洋洲国家参与到东亚峰会中，并邀请美国作为"观察员"出席，以"10＋6"替代"10＋3"机制。中国的主张得到了马来西亚等东盟国家的支持，而日本扩展东亚峰会成员的要求得到了新加坡等国支持。在这种情况下，东盟为保证其在东亚峰会中的主导作用和中心地位，提出了成为东亚峰会成员国的三个资格条件：第一，与东盟有实质性的政治和经济关系。第二，是东盟对话伙伴。第三，加入《东南亚友好合作条约》。这实际上为一些并不是东亚地区核心主体的国家加入东亚峰会并成为会员国创造了条件。在加入《东南亚友好合作条约》后，印度、新西兰和澳大利亚获准参加首次峰会，已经签署《东南亚友好合作条约》的俄罗斯由于东盟的内部分歧没能正式成为会员国,作为嘉宾出席了会议。

2005年12月,第一届东亚峰会于马来西亚首都吉隆坡正式举行,与会领导人签署东亚峰会《吉隆坡宣言》,确立了东亚峰会作为领导人主导的"就共同感兴趣和关切的、广泛的战略、政治和经济问题进行对话目的是促进东亚的和平、稳定和经济繁荣"的定位,明确了东亚峰会将是一个"开放、包容、透明和外向型的论坛",并确定以东盟提出的资格条件作为参与东亚峰会的标准。由此可以看出,东亚峰会在性质上依然是进行"战略对话与合作的"领导人论坛,在推动地区多边合作发展方面,以成员扩大代替了合作深化。2011年,美国和俄罗斯这两个并不属于东亚地区的大国也作为正式成员加入东亚峰会,使东亚峰会的成员国构成和利益协同更为复杂。此后,东亚峰会框架下的外交、经济、金融等领域的部长会议逐步开展,重点关注环境和能源、教育、金融、全球卫生问题和大流行病、自然灾害缓解和东盟连通性六个优先领域的合作,并在充分利用现有机制促进具体项目执行上达成一致。但东亚峰会本质上只是一个松散的论坛,合作方式是共同审议、交换看法、形成共识,其主席声明作为非正式协议并不具有约束性。东盟"10+3"与东亚峰会成为两个并行的地区多边合作架构,只是东亚峰会想要实现从务虚到务实的转变,比"10+3"框架还要困难。

(二) 东亚地区安全合作制度

严格意义上来讲,没有一个完全属于东亚地区的多边安全制度框架,因为致力于应对和解决东亚地区安全问题的两个最重要的多边制度,从一开始就有域外大国参与其中。冷战结束后,东亚国家对战略不确定性的担忧和对转型中的东亚安全信息及再保证的需要促使了东盟地区论坛的创建。在1993年举行的东盟第二十六届外长会上，特别安排了当时东盟的6个成员国、7个对话伙伴国、3个观察员国和2个来宾国外长参加"非正式晚宴"。各国外长同意于1994年在曼谷召开东盟地区论坛，就地区政治安全问题举行非正式磋商。1994年7月，东盟地区论坛首次会议在曼谷召开。自此，致力于推动该地区多边安全对话，促进地区安全合作的最主要官方平台成立。东盟地区论坛是具有普遍性的地区安全对话机制，包容了几乎整个亚太地区的国家，甚至把与亚太安全问题相关的南亚国家和欧盟都包容进来。

在建立之初，东盟地区论坛的定位就是一个论坛性质的框架，一个对话沟通、信息交流和安全问题讨论的平台，以"东盟方式"为规范原则，充分照顾成员国的舒适度。1995年，东盟地区论坛发表了"东盟地区论坛概念文件"，其中确定了东盟地区论坛的"三步走进程"，即建立信任措施、预防性外交和争端解决。经过了近三十年的发展，东盟地区论坛依然停留在建立信任措施的第一阶段。虽然早在2001年第八届东盟地区论坛外长论坛中，就采用了关于"预防性外交的概念和原则"的文件，并在2011年产生了东盟地区论坛预防性外交工作计划，但成员国对于这种具有介入性的安全合作并不完全接受，从第一阶段向第二阶段的转变并不容易实现。

由于领导和参与东盟地区论坛的主体是各成员国的外长，在讨论和解决一些地区安全问题时，直接的功能性较弱。在东盟地区论坛运行了十二年后，东盟国家启动了东盟防长会议，通过从外交领域转移至功能效用更强的军事防务领域，东盟防长会议为地区安全合作增加了一个新的维度。东盟防长扩大会议是以东盟防长会议为基础兴起的。2010年10月，首届东盟防长与其8个对话伙伴国共同参与的东盟防长扩大会议在越南河内举行。① 这使东盟防长扩大会议涵盖了对东亚地区安全有重要影响、在东亚地区安全上有重要利益的所有国家。东盟防长扩大会议旨在为东盟及其8个对话伙伴国提供加强安全和防御合作的平台，以促进地区和平、稳定和发展。

在东盟防长扩大会议的积极推动下，东亚国家在并没有那么敏感并且容易落实的非传统安全议题上取得了积极的合作成果。2013年6月，东盟防长扩大会议制度框架下的首次人道主义援助和灾后恢复与军事医学联合演习在文莱举行。此后，18个成员国加强了在反恐和海上安全领域的务实合作。2013年9月和10月，东盟防长扩大会议成员国先后进行了反恐演练和海上安全领域的训练，另外2016年5月的海上安全与反恐联合演习，在参与人数、出动的舰艇、飞机架次上都达到了空前的规模。这表明了东盟防长扩大会议成员国对于海上安全和恐怖主义威胁问题的重视。在东盟防长扩大会议制度框架下进行成员国高级防务官员之间的直接对话，在海上安全、灾害搜救、军事医学合作、反恐和人道主义援助等方面举行军队间联合演习训练，有助于在成员国军队之间发展合作习惯，并在保证任务成功所必需的协同工作和相互信任水平方面建立积极预期。

二、东亚地区多边合作机制的局限性

东亚地区多边合作制度数量的增多，并不代表东亚地区多边合作的成功。亚洲金融危机之后，东亚地区国家领导人和各政府

---

① 这8个东盟对话伙伴国包括：澳大利亚、中国、印度、日本、新西兰、俄罗斯、韩国和美国。

部门高级官员之间在地区多边平台上的交流日益频繁，但并没有取得具有法律约束力的联合声明、领导人宣言为代表的合作成果，其实质是脆弱和空洞的。东亚地区国家间合作虽然愈加活跃，但双边或者小多边合作的扩散与深入，并不代表地区多边合作的深化拓展；相反，在遭遇实际合作问题时，地区国家不约而同地忽略地区多边合作框架，选择双边协定或者是全球多边合作制度。

（一）论坛性质的东亚地区合作

在东亚地区，无论是东盟"10+3"领导人峰会，还是成员上拓展了的东亚峰会，都依然是一个对话、协商的平台，论坛的特点在这一地区表现得甚至更为明显。尽管每年的系列峰会结束后，都会形成共同声明或宣言，对推动东亚地区多边合作发展和深化的意愿进行反复确认，但在各国的意愿如何转化为具体行动的问题上，领导人峰会无法作出切实可行的决策方案。各国领导人并没有将频繁的首脑峰会作为合作问题解决的平台，东亚国家仅仅把机制看成举行公共会议的场所，而不是作为理性决策、进行理性行为的地方。"10+3"首脑会晤和东亚峰会成为成员国首脑的政治秀场，就各自关心的问题表明观点、阐述立场显然比探讨如何推进合作深化重要得多。公平地说，这不是东亚地区独有的问题，这与首脑峰会合作框架本身的性质和特点有关。领导人峰会这一合作形式具有不可替代的独特意义，但参加会议的都是各国的最高决策者，他们具有就一些重大的战略问题表明态度立场、彼此交换意见的权威。由于它不基于任何协定或者其他正式的协议，多数情况下只发表联合声明、宣言或者公报，领导人峰会本身并不具有促使相关国家进行实质性政策调整的制度约束力。随着领导人峰会所涉及和关注的议题领域逐渐增多，各国首脑甚至无法就一个或少数几个具体问题进行深入磋商。这种口头宣示的成本是微不足道的，因为没有任何可以监督地区国家进行国内政策调整以落实承诺的规则，也没有任何能够对违背承诺的行为进行惩罚的直接力量。东亚国家在多边合作制度框架中，规避实践上的困难，或者是有争议的问题，只强调共同利益。当然，"10+3"合作框架借助部长间会谈和工作组，推动了一些议题领域地区多边合作制度的形成，但这些制度在规范原则上，依然遵循并复制了以协商一致、不干涉内政为原则的"东盟方式"。在这种情况下，东亚国家要想发展出正式规则和政策协调的权威体系，很难摆脱现有机制的局限性。

（二）传统安全领域合作困境

东盟地区论坛本身有难以克服的制度局限。建立东盟地区论坛的目的就是保证最低限度的共同性，为缓解因确定性问题带来的安全风险，将潜在敌对或具有竞争性的国家都包容在地区论坛中，这种成员结构本身就意味着深化合作的困难。在制度设计上，没有正式的协定对东盟地区论坛成员国的行为进行限制，国家具有高度自主性。促使东盟地区论坛成员国参与信心建设措施的最主要方法是道德说服和同伴压力，而不是确定的规则。对"共识决策"的强调，使得只有在对所有参与者都舒适的情况下，东盟地区论坛才会推动针对某项议题的正式承诺。例如，2008年开始直至2011年的柬泰冲突，证明了东盟地区论坛在应对传统安全领域具体问题上的无力。

2008年7月，因联合国教科文组织正式批准柏威夏寺为世界文化遗产，造成柬埔寨和泰国之间针对这一地区的主权争议升级。柬埔寨政府随即向联合国安理会提交要求仲裁柬泰边境争端的议案，泰国政府也致函联合国安理会表示希望通过双边谈判解决争端。当事双方"绕过"东盟外长会和东盟地区论坛外长会两个地区层次多边合作框架，直接求助于联合国，表明了东亚地区内国家对地区制度框架在争端解决能力上的不信任。2011年2月，柬泰边境再次爆发武装冲突。柬埔寨方面拒绝通过与泰国进行双边会谈的方式解决争端，再次向联合国安理会提出召开紧急会议以解决两国争端的要求。联合国安理会随后举行了闭门磋商，同时表示支持地区安全架构解决争端的积极努力。遗憾的是，在当年7月举行的东盟地区论坛外长会上，只发表了支持东盟轮值主席国印尼继续与柬埔寨和泰国就柬泰边境争端进行磋商的声明，并没有任何实质性的决议或行动。

柬泰边境冲突是东盟地区论坛成立后，东亚地区发生的最为严重的传统安全冲突，柬埔寨在拒绝通过与泰国进行双边会谈解决争端后，选择绕过地区多边安全制度框架，直接寻求联合国安理会这一全球层次多边机构的帮助，违背了在表达诉求、寻求问题解决上，从双边谈判到地区多边制度再到全球层次国际组织的一般路径。柬泰双方在外交实践的主动性选择中，都没有给予东亚地区多边安全合作制度在该争端中发挥作用的机会，地区安全合作架构反而是在联合国支持下参与到争端协调过程中的。柬泰主权争端凸显了在应对地区传统安全争端上的两个问题：一是全球多边安全制度依然是地区国家在面临传统安全问题时的优先选择。二是即使是小国之间的传统安全问题，东盟地区论坛也不能发挥有效的争端解决作用。

进入21世纪，以东海和南海主权争端为代表的传统安全问题成为东亚地区的主要安全关注。在这些涉及大国安全利益的问题上，相关国家明显有倚仗与美国之间的双边同盟关系，增加博弈"砝码"的倾向。菲律宾在南海主权争端中是一个具有代表性的国家，它一方面在与中国的争端中表现出强硬态度使双方对抗升级，另一方面加强与美国之间的双边同盟关系。2014年4月，美菲签署了为期十年的《加强防务合作协议》，菲律宾将允许美国军队使用菲国军事基地，允许美军扩大在菲律宾轮换部署。除依赖与美国之间的双边同盟关系外，菲律宾还在美国的支持下单方面将南海争端提交国际海洋法法庭，寻求国际多边组织的支持。在这一过程中，东盟地区论坛表现得无所适从，处于这一地区多边安全制度中心位置的东盟甚至出现了分裂的迹象。"东盟地区论坛对任何地区安全问题都只是进行讨论，而不采取解决问题的具体措施。"[1] 这表明在真正面临成员国之间安全利益上存在争议或冲突的问题时，东盟地区论坛尚不具备进行调解和介入解决的地区性权威，在这种情况下，全球多边安全合作制度自然成为当事国的优先选择。此外，尽管东亚地区在各种声明、宣言中，都认同"合作安全"的观念和政治方向，但在传统安全问题的应对上，对同盟关系的依赖仍旧根深蒂固，地区国家维护安全的努力并未集中在以"合作安全"理念为指导的地区多边合作制度建构上，而是致力于强化传统的双边同盟关系，以维护权力均势。

相较于各国外长主导的东盟地区论坛，东盟防长扩大会议则因各国防务部长的直接参与而显得更为务实，被认为更有潜力成为讨论和解决地区安全问题的多边制度框架。在东盟防长扩大会议制度框架下，已经组织了多次在海上安全、人道主义援助、反恐、军事医学等多个领域的联合演练。通过普遍参与的实兵联合演练，东盟防长扩大会议成员国在非传统安全领域的务实合作得以加强，地区的安全联系也得到了一定程度的提高。在这个意义上，东盟防长扩大会议确实超越了只进行问题讨论，而不对实际问题解决提供路径和方案的东盟地区论坛框架。但是，一旦涉及

---

[1] 徐进：《东亚多边安全合作机制：问题与构想》，《当代亚太》2011年第4期，第94页。

传统安全议题，这一机制的脆弱性就会立即凸显出来。2015年第三届东盟防长扩大会议上，由于美国强行将南海问题作为一个主题进行讨论，会议最终无法按照预期发表《联合宣言》。这表明在推动合作深化和争端问题解决方面，该机制并不具备相应的制度能力。

应该说，东盟防长扩大会议在地区非传统安全问题上的合作进展是显而易见的，即使在地区安全局势因南海主权争端问题而相对紧张时，东盟防长扩大会议合作框架下的多国联合实兵演练也在正常进行。这在一定程度上有利于缓解因传统安全问题造成的国家间军事对抗，避免全面僵局，也为相关国家在多边平台上实现双边会谈提供了机会。但成员国之间的联合行动与合作意愿并没有从非传统安全议题"外溢"至传统安全议题。事实上，东盟地区论坛在最重要的地区安全冲突管理上是完全边缘化的，东盟防长扩大会议至今还是一个重点局限在非传统安全领域的多边合作框架。

在过去多年的地区合作发展进程中，东亚国家在各议题领域都提出并努力建立了多重地区多边合作制度，改变了长期以来地区内生性制度规范稀缺的局面，但是制度数量的增加并没有推动地区多边合作质量的提升。在东亚地区，真正意义上的地区多边合作实践是相对缺乏的。地区多边合作，包括创建地区多边合作制度的努力，更多是一种意向表达和政治表态，一种对其重要性和必要性的强调，以及美好的愿景和未来期待，而非现实的国家选择和实质性行动。

三、传统安全问题的多边合作框架并未形成

在东亚地区，现实矛盾与历史遗留问题相结合造成的传统安

全问题尤其突出，主要表现为国家之间的领土主权争端。这些问题无法形成地区范围内的普遍共识，具有利益分散化、对抗性的特点，解决这些问题的多边制度化安全合作框架并没有形成。

东亚地区当前绝大多数领土主权争端，都是在西方殖民分割和二战的接续过程，以及在冷战后的制度建设中没有进行合理的安排，或给出了相互矛盾的方案造成的。在经济快速增长之后，被长期压抑的主权意识和民族自豪感在东亚各国都有所上升，在这种普遍存在的强烈的民族主义情绪的作用下，根源于历史的安全矛盾很容易被激化。最突出的例子就是南海海域及相关岛屿的主权争端问题。

南海问题原本是中国与部分东盟国家之间的双边问题，但自20世纪90年代开始，南海问题几乎成为每年东盟峰会和东盟外长会的必谈内容，从而造成南海问题被"东盟化"乃至于近几年来被"国际化"的局面。南海问题的激化首先与资源抢占和争夺有关，这是由东亚地区国家经济发展对石油、天然气等资源的需求，以及对海洋通路航行自由的要求引起的。随着中国国家实力的不断增强，其国家利益诉求的要求也会随之扩展，像越南、菲律宾这样在南海地区已经取得超出其领土主权范围之外利益的国家，担心南海问题的解决将发生有利于中国的变化，导致其既得利益受到损失。另外，南海问题还在一定程度上涉及大国与大国之间的矛盾，主要是域外国家美国对这一地区热点问题的介入。

在该问题上，除美菲双边军事同盟，以及美国为支持越南与中国进行安全博弈而加强与越南之间的合作外，并没有形成任何新的安全合作机制，即使是在2015年底东盟正式宣布成立共同体后，东盟内部在南海问题上也没有形成共识。实际上，在东盟国家中，只有越南、菲律宾、马来西亚和文莱四国在南海问题上真正与中国有利益冲突，马来西亚和文莱又不希望在此问题上与中国发生正面冲突，其他国家在南海问题上并没有直接的利益诉求，更不愿意为越南、菲律宾的利益而"得罪"中国。另外，东盟四个南海主权声索国之间也因所主张的海域相互重叠而存在矛盾，从而使在应对中国方面最可能具有共同立场的菲律宾和越南之间也不能形成稳定的双边合作关系。

第三节 东亚安全秩序的转变

随着全球化的推进，全球力量平衡正在迅速发生变化，东亚安全秩序正在发生历史性变化。美国对东亚政策一直是安全与经济考虑的复杂混合体，东亚对于美国的战略地位以及美国自身实力优势决定了其在东亚的安全战略不会收缩。为维护东亚地区霸权的稳定，美国将战略重心调整为与中国的大国竞争。美国采取维护军事优势，加强安全联盟并推进前沿战略部署，积极推动"去东盟化"的安全机制。这显然违背东亚各国的共同利益，对东亚安全秩序产生了消极影响。

一、东亚"去东盟化"安全机制的出现

进入21世纪20年代以来，东亚地区陆续出现了一系列小多边合作进程，与冷战结束以来东亚地区的多边主义进程相比，近年来东亚安全合作呈现出一些新特点。

东亚小多边合作呈现"去东盟化"特征。冷战结束以来，东亚地区逐渐形成了以东盟为中心的地区多边合作机制。这些多边合作机制的特点有二：一是基本上由东盟倡导建立；二是东盟在

其中扮演重要的"中心角色",即东盟反复强调的"地区中心地位"。然而,近年来东亚地区的小多边合作则呈现出一种"去东盟化"的趋势。一方面,这些小多边合作大都由东盟以外的国家发起,东盟并未作为其中一员,例如"美日印""日印澳""美日印澳"等小多边合作都与东盟无关。上述小多边合作不同于澜湄合作机制,尽管澜湄合作机制由中方提议,但是在中国—东盟领导人会议上提出的,还邀请东盟秘书处与会,而且建立以来积极寻求与东盟总体规划相对接,以期缩减东盟内部差距,助力东盟共同体建设。上述国家开展小多边合作之前却并未与东盟沟通,也没有邀请东盟秘书处与会。例如,美日印澳"四边机制"第一次高官会就把东盟排除在外,"四边机制"与东盟没有对话与协调机制。地区性合作倡议主要由相关合作方提出,而不是通过东盟的地区机制进行磋商、达成共识后提出的。在此轮东亚小多边合作的进程中,东盟不仅失去了对建立新的地区机制的倡议权,更谈不上能够在新的机制中扮演中心地位。

近期东亚地区的小多边合作都具有较浓厚的意识形态色彩。与冷战后东亚地区奉行开放性地区主义、开展包容性多边合作不同,这些小多边合作在成员身份上则大多具有一定的限定性。这些小多边合作往往强调成员国间享有共同的价值观。例如,美日印三边对话在 2018 年 11 月举行第一次领导人峰会,宣称三国是"拥有共同的自由、民主、法治等基本价值观和战略利益的伙伴",并就涉及地区事务和安全的共同利益进行坦诚交流。[1] 美日印澳"四边机制"最早缘起于日本前首相安倍晋三提出的"自由与繁荣之弧"的构想,其在 2017 年 11 月重启后,宣称将在该

---

[1] "Japan – U. S. – India Summit Meeting," https：//www.mofa.go.jp/s_sa/sw/in/page3e_000969.html.

地区建立以法治为基础的自由与开放秩序。印度总理莫迪表示将"选择原则和价值观的一边，选择和平与进步的一边"。① 澳大利亚则不断以所谓"基于规则的秩序"为借口，将地区国家分为规则秩序破坏者和规则秩序捍卫者，并以此来为其与美日印等国的小多边合作提供依据。②

二、中美战略竞争与东亚安全秩序变革

随着东亚地区热点问题不断出现，东亚各国力量重组、机制重设、秩序重塑正处于不断变化之中。这种变化的一个重要背景就是中美在东亚地区战略竞争的展开。美国对华防范战略的升级推动了东亚安全合作机制的变化。

从 2012 年奥巴马政府提出"亚太再平衡"战略起，美国开始把中国视为一个竞争对手和挑战者，重点关注中美两国在技术、经济和意识形态领域的竞争性关系，逐步把对华接触政策转向"脱钩"政策。2017 年 12 月，特朗普政府在《国家安全战略》报告中强调大国竞争取代反恐，成为美国全球外交的首要挑战。美国两党对中国的认知达成了共识，中国已经成为美国最主要的战略竞争对手，给美国政治、经济、军事等各方面带来威胁，明确了与中国竞争的方式，主张采取强硬政策以应对中国挑战。2019 年，美国在贸易领域挑起摩擦，升级对华战略竞争，以国家安全名义对中国投资审查加码，将更多实体列入管制"实体清单"，将安全概念泛化至科技甚至人文交流各领域，以国家手

---

① "Prime Minister's Keynote Address at Shangri La Dialogue," https://www.mea.gov.in/Speeches-Statements.htm?dtl/29943.
② Australian Government, "2020 Defence Strategic Update," https://www.defence.gov.au/strategy-policy/strategic-update-2020.

段在科技领域将中国公司加入黑名单并施加制裁，终止部分中国资助的文化交流项目等。拜登上任后，美国仍将中国视为强劲的竞争对手，打造多个针对中国的"议题联盟"，出台新的"印太安全"战略。

为强化美国在对华战略竞争中的基础和优势，美国巩固及升级现有的同盟体系，整合盟国和伙伴的"防务供应链"，促进防务技术合作，并建立新的国际联盟和伙伴关系来对抗中国。以"印太战略"为支柱，以美日澳三边伙伴关系等安排加强双边关系，推进美日印澳"四边机制"逐步升级。同时，美国以规范、约束和遏制其他国家的举措，构建新联盟，加强同盟体系内部小多边协商，强化彼此横向联系，将美日韩、美日澳等小多边方式防务合作具体化，拓展合作领域，从传统安全的军事演习到非传统安全的反恐、救灾等，建立起强大的网络联盟体系。

美国对华防范战略的另外一个举措是强化与东盟的伙伴关系。2013年，美国—东盟峰会正式开启，该机制成为讨论双方共同关心的战略问题的主要机制。2015年，美国与东盟关系提升至战略伙伴关系。2022年11月，美国与东盟的关系升级为全面战略伙伴关系，并向东盟提供8.5亿美元的援助。美国强化与东盟的关系是为了换取东盟国家对其"印太战略"的支持，使东盟在安全、经济议题上对抗中国。东盟独特的地缘战略地位以及中美竞争决定了美国对于东盟整体的战略部署，而东盟对于美国安全上的依赖成为美国强化与东盟战略伙伴关系的有利因素。但是，拜登政府对东盟的战略与东盟所坚持的核心原则，即多边安全合作中保持东盟的中心地位无法达成一致。例如，在南海问题上，东盟没有形成如美国所愿的对中国统一的施压立场，导致美国对以东盟为中心的地区多边机制的批评不绝于耳。美国试图绕开东盟和东盟所主导的地区机制，以小多边合作方式应对南海争端。

这导致东盟的主导地位、内部规范一致性以及东盟方式认同均受到不同程度的冲击与挑战。应该说，东亚地区现有机制，尤其是以东盟为中心的一系列多边机制，对管控东亚地区分歧、促进国家间互信、培育国家间合作以及推动地区繁荣等方面作出过诸多积极贡献。同时，东亚国家坚持东盟的机制倡议权、"协商共识"的决策模式以及开放的地区主义主张，使美国在东亚地区的话语权和影响力都受到了限制。尤其在中国推出共建"一带一路"倡议、东亚经济深度融合的背景下，进一步加剧了美国的危机感。为此，美国试图借助小多边合作护持其在东亚地区的影响力，将小多边合作作为其推动盟友网络化的重要手段。

三、对东亚安全合作的消极影响

在美国的推动下，美日澳、美日印等三边对话机制在近年来取得了巨大进展，不仅对话层级不断提升，讨论议题也不断扩大。这将对地区国家间关系以及地区秩序产生重大影响。

第一，分化东亚地区国家间正常关系。东亚小多边合作通常以所谓的"自由、民主"等西方价值观将地区国家分为不同类型，根据自身的战略需求加以吸纳或排挤，产生歧视性效果。例如，美日澳、美日印、美日印澳等小多边合作，它们强调拥有共同的"民主价值观"，维护所谓"基于规则的秩序"，其实质就是以价值观和意识形态对地区国家进行分类，以期对地区国家间关系进行重组，进而将冷战结束以来奉行开放地区主义的东亚地区分割成对立的团体。这种划分在政治上的后果显而易见，而使经济同样也面临巨大风险。例如，由美国主导的"印太经济框架"便是这样一场以所谓高标准分化地区经济一体化的图谋，实际上是在打造一个"排除不友善国家"的供应链。2021年2月，拜登签署行政令，着手制定国家层面的供应链战略。美国此举是要与盟友共同打造一个"排华"的科技供应链，这将对东亚地区供应链和地区经济一体化起到巨大的破坏作用。

第二，对东亚地区现有的合作机制起到消极的解构效应。冷战结束后，随着以东盟为中心的各种多边机制的发展，东亚地区逐渐形成以美国为中心的"轴辐式"同盟体系和以东盟为中心的"同心圆式"多边合作机制之间的竞争。针对以东盟为中心的地区合作机制，美国大体经历了一个从忽视到逐渐重视的过程，表现出既担心被排斥在这一系列地区机制之外，又不甘心在这些机制内与其他国家平起平坐的矛盾心理。为此，美国虽表面上尊重东盟的"中心地位"，并加入东亚峰会及地区安全机制，但实际上却极力为东亚区域合作进程制造障碍。同时，美国推动同盟关系网络化，企图以小多边高效合作让以东盟为中心的地区合作失去吸引力，促使地区国家对以东盟为中心的机制体系丧失信心，最终实现对以东盟为中心的地区多边机制体系的解构。

第三，对东亚地区安全架构与秩序起到一定的重塑作用。除了对地区国家间关系进行分化重组、对地区现有合作机制进行调整解构之外，东亚地区的小多边合作还将着眼于重构一套新的地区秩序。尽管小多边合作具有排他性，但排他性并不等于封闭性，它们主张采取"包容但有限定"的多边合作模式，既强调"成员资格的限定性或同质性"，也不摒弃成员资格的"包容性"。随着事态的发展，小多边合作将根据一定的标准实现扩容。在拜登上台后，美国政府对美日印澳"四边机制"特别重视并予以大力推动，该机制可能成为美国重构东亚地区秩序的重要手段。

第八章/核军控与防扩散机制

国际军控、裁军与防扩散体系研究一直是国际安全秩序的重要组成部分,为维护世界和平与稳定发挥着重要作用。人类自进入核时代以来,核战争就成了人类社会所面对的最大威胁。人类出于对核战争后果的担忧,在国际社会共同努力下,逐步形成了以防止核扩散、核裁军与核军控为主要内容的国际核规范。这些国际规范与制度安排有效地控制了核武器国家的数量,规范了主权国家的核活动,并推动了核裁军与核军控进程,基本形成了一种稳定的国际核秩序。进入21世纪以来,人类进入了核技术与导弹技术加速扩散的新时期,国际核军控与防扩散机制面临一系列新挑战,地区冲突和大国地缘政治竞争凸显了国际核军控秩序的脆弱性和历史局限性。通过推动核军控与核裁军进程,禁止核武器的继续发展与扩散,减少现存的核武器和运载工具,成为国际社会紧迫的课题。

第一节 核军控与核裁军机制的形成

在冷战初期,美苏双方投入了大量资源展开激烈的核军备竞赛,核武库数量呈现爆炸式增长。鉴于核武器的巨大杀伤力,核武器的发展不仅改变了传统的战争规律，也使得核军控变成一个与核竞赛相伴随的进程。美苏之间的核军备竞赛，以及由此产生的在军备控制和裁军等领域的争斗与妥协，是冷战时期国际关系的重要内容。国际军控机制主要是美苏两国主导谈判议程的产物。一般而言，国际军控机制由一系列军控条约和协定组成，由此确立了军控相关的基本规范，以及相对应的执行机制，同时主要大国支持这些条约、协定和机制。主要包含以下几个方面内容。

一、基础性条约和机制安排

在冷战时期，美苏两个超级大国进行了持续不断的核军备竞赛，核弹头数目的急剧增加，使核战争成了人类社会所面对的最大威胁。随着人类对核战争风险和后果的进一步认识，美苏开始通过限制战略武器谈判管控彼此的核军备竞赛。美苏两国代表于1961年9月共同发表了一个双方同意进行谈判的声明。其中最重要的是确立了谈判目标：销毁所有库存的核、化学、细菌和其他大规模杀伤性武器，停止生产这一类武器，并且消除大规模杀伤性武器的所有运载手段。然而，这个目标完全脱离当时的国际关系现实。双方放弃了"全面彻底裁军"目标而转向有限的务实合作，最终达成包括涵盖裁军、不扩散、核试验、核材料等所有领域的基础性条约和机制安排，如《不扩散核武器条约》《禁止核武器条约》《核材料实物保护公约》等。关于限制核武器空间部署及有关无核区的条约，诸如《南极条约》《外层空间条约》《禁止在海床洋底及其底土安置核武器和其他大规模毁灭性武器条约》等。建立了相对应的国际机制，包括国际原子能机构、《不扩散核武器条约》审议大会、裁军谈判会议、《全面禁止核试验条约》组织等。另外，在地区性层面建立了各类无核武器区，即相关国家通过缔结条约和协议，共同承诺不研发、不生产、不部署、不运入核武器。目前无核武器区已覆盖拉美、南太平洋、非洲、东南亚、中亚和蒙古国。除了地区性的制度安排，还有一些多边机制约束各国在核领域的行为，如限制核材料出口的桑戈委员会、核供应国集团，防范核恐怖主义的核安全峰会、防扩散安全倡议等。

二、核不扩散机制

鉴于核武器的巨大杀伤力，人们逐步形成共识，必须努力避免核扩散。作为一个国际议程，核不扩散开始于20世纪50年代。1959年，联合国大会通过了爱尔兰提出的一项议案，要求核武器国家不要向无核国家提供核武器。1961年，爱尔兰向联合国大会提出了《关于防止核扩散问题的国际协定》草案，呼吁所有国家缔结一项核不扩散协定。1968年美苏向联合国大会第一委员会提出了《不扩散核武器条约》的案文，同年6月在联合国大会获得通过。1970年3月正式生效，有效期为25年。1995年4月，联合国通过决议，将该条约无限期延长。《不扩散核武器条约》核心目标有三个：一是拥有核武器的国家不将核武器扩散到其他国家；二是无核武器国家在履行该条约义务的前提下有权和平利用核技术；三是拥有核武器的国家需共同努力，切实采取行动削减核武器，直至消除核武器。防止核武器扩散、推动核裁军、促进和平利用核能成为《不扩散核武器条约》的三大支柱。自《不扩散核武器条约》生效以来，共有189个国家签署了该项条约，作为国际核不扩散机制主要执行机构的国际原子能机构目前也拥有151个成员国，其覆盖面之广、签约国之多，表明该条约获得了国际社会的广泛认同，具有高度的普遍性和合法性。

　　《不扩散核武器条约》的通过为国际核不扩散体制奠定了基础。该条约一方面禁止核武器国家向任何接受者转让核武器或其他核爆炸装置，或是协助、鼓励、诱导非核武器国家和地区生产或以其他方式获得核武器或核装置；另一方面禁止非核武器国家和地区接受、制造或以其他方式获得核武器或核装置。作为非核武器国家承担不扩散义务的条件，条约确保非核武器国家的缔约方也能享有和平利用核技术带来的潜在好处，同时要求缔约方就早日停止核军备竞赛，实施全面彻底的核裁军进行有诚意的谈判。该条约把非核武器国家承担不扩散义务与核武器国家承担核裁军义务联系在一起，形成这样一个逻辑：如果核武器国家不能有效地进行核裁军，那么无核武器国家承担不扩散义务就没有意义，最终必然导致不扩散体制崩溃。因此，不扩散核武器的国际体制的关键就在于全面彻底的核裁军。尤其是对于广大无核武器国家来说，它们之所以同意承担不扩散核武器的国际义务，就是为了未来能彻底消除核武器。

三、《全面禁止核试验条约》

　　核试验是国家发展核武器的必要手段，因此禁止核试验就能达到核军控和防扩散的目标。《全面禁止核试验条约》是一项旨在禁止所有缔约国在任何地方进行任何核爆炸，以求有效促进全面防止核武器扩散、促进核裁军进程、增进国际和平与安全的国际条约。尽管该条约没有生效，但条约已成为国际核裁军与核不扩散体系重要的规范之一。从1957年开始，全面禁止核试验就成为联合国大会的一项议题。然而，联合国大会通过的有关停止核试验的决议，并没有对核武器国家产生约束力。经过频繁的大气层核爆炸，美英苏三国基本掌握了大气层核爆炸的效应数据，并具备了进行地下核爆炸的技术。1963年8月，美苏英签订了《部分利用地下禁止核试验条约》，即禁止在大气层、外层空间和水下进行核爆炸，但地下核试验仍没有被禁止。1974年，美苏两国在进行了足够的地下大当量核试验的基础上，签订了《限制地下核武器试验条约》。条约规定，禁止进行任何单独爆炸当量超过15万吨的地下核试验。1976年5月，美苏又签订了《和平利用地下核爆炸条约》，规定不进行任何用于和平目的的但爆炸当量超过15万吨的地下核试验，或任何总当量超过15万吨的系列爆炸。1990年12月，以上两项条约生效。此后，美苏英就全面禁止核试验问题进行了三边会谈，但谈判最终没有任何结果。

  冷战结束后，国际战略形势发生了深刻而巨大的变化，地下核禁试逐步取得进展。1991年，俄罗斯首先宣布暂停地下核试验一年。1992年，美国参众两院分别通过禁止核试验的法案，美国总统乔治·布什于同年10月签署了美国暂停进行地下核试验的法案。1992年4月，法国总统密特朗宣布法国暂停核试验，但1995年法国又恢复了核试验。1996年1月，法国宣布永久停止核试验。1996年7月，中国政府宣布暂停核试验。在多边层面，日内瓦裁军委员会于1993年8月决定设立全面禁试条约谈判特委会。经过近三年的时间，谈判各方就大部分内容达成了一致，并以主席案文的方式提出了条约草案。1996年9月，第五十届联合国大会通过了《全面禁止核试验条约》。条约规定缔约国将做出有步骤、渐进的努力，在全球范围内裁减核武器，以求实现消除核武器，在严格和有效的国际监督下全面彻底核裁军的最终目标。所有缔约国承诺不进行任何核武器试验爆炸或任何其他核爆炸，并承诺不导致、不鼓励或以任何方式参与任何核武器试验爆炸。这是国际社会在核军控与防扩散领域取得的最重要的阶段性成果，朝着全面禁止和彻底销毁核武器的目标迈出了重要一步。遗憾的是该条约规定相关国家必须全部签署批准后才能生效，条约目前还不满足生效条件。

四、美苏（俄）核军控条约

在核军控与核裁军体制中，美国和苏联（俄罗斯）之间的双边条约构成整个体制的重要方面。因为美苏双方具有巨大的核武库，核武器数量早已超过了"确保相互摧毁"的需要，双方均面临沉重的经济负担。从1969年11月开始，美苏（俄）双方开启了持续核军控与核裁军谈判进程。双方经长期较量，形成了多个对话机制、争端解决机制、视察机制以及政策透明安排。1972年，美苏两国签订了《限制反弹道导弹系统条约》（以下简称《反导条约》）。一方建立防御性导弹系统会威胁双方战略稳定，导致另一方进攻性导弹数量大幅度增长。这个条约以法律的形式把双方的核均势确定了下来。从20世纪80年代开始，美苏两国的军控谈判进入了削减的阶段。1987年12月双方达成了《美苏消除两国中程和中短程导弹条约》（以下简称《中导条约》）。条约规定两国不再保有、生产或试验射程在500千米至5500千米的陆基巡航导弹和弹道导弹。该条约是战后美苏裁军谈判历史上达成的第一个真正减少核武器数量的条约。它是美苏在内政和外交上各有所需和相互妥协的产物。该条约的签订对于东西方关系的缓和具有很大的影响。但2019年5月，美国特朗普政府退出了该条约。1991年7月，两国签订了《削减和限制进攻性战略武器条约》。该条约规定双方各自把战略核武器运载工具削减到不超过1600件，战略核弹头各保留6000枚。1993年1月，美俄两国签署了《关于进一步削减和限制进攻性战略武器条约》。该条约规定，在2003年前，双方分两阶段各自将已部署的战略核弹头削减到3000—3500枚。苏联解体之后，在原苏联境内出现了4个核国家，即俄罗斯、白俄罗斯、哈萨克斯坦和乌克兰。1992年5月，美国与俄罗斯、乌克兰、哈萨克斯坦、白俄罗斯签订了《里斯本议定书》，议定书确定俄罗斯继承苏联的条约义务，白俄罗斯、哈萨克斯坦、乌克兰承诺撤除境内的核武器并运往俄罗斯销毁。白俄罗斯、哈萨克斯坦议会相继批准了有关的条约和协定，加入了《不扩散核武器条约》。1994年11月，乌克兰议会通过了参加《不扩散核武器条约》的法律程序。进入21世纪，美俄于2010年签署了《新削减战略武器条约》。该条约规定双方在7年内将可部署核弹头数量限制在1550枚以内，可部署洲际弹道导弹、潜射弹道导弹数量降至700枚，已部署以及未部署的核弹头发射工具数量降至800个。随着美俄两国矛盾增多，美国于2002年退出《反导条约》，2019年退出《中导条约》。目前，美俄之间仅存一个《新削减战略武器条约》。俄乌冲突爆发后，2023年2月普京宣布俄罗斯将暂停履行《新削减战略武器条约》。美俄核军控框架几乎瓦解。

　　上述几个主要方面，大致构成了国际核军控与核裁军体制。客观地说，这个体制的作用是积极的。在这个体制之下，有效地控制了核武器扩散的速度。核不扩散规范的存在，使得试图发展核武器的国家背负沉重的政治、经济和道义负担，从而有效地控制了核武器的扩散。在核不扩散机制运行大约40年的时间里，大约60个国家开发了核能或运行了研究反应堆，至少有30个国家已经掌握了工业和科学的知识，能够实施核武器项目，但是真正拥有核武器的国家数量只有9个①，大大低于人们原来的预期。

核不扩散机制的存在也推动了核裁军。自20世纪70年代以来，美苏（俄）核弹头数量已经大大减少，从冷战期间的高达7万多枚，削减到现在的不足3万枚。《不扩散核武器条约》于20世纪90年代获得了无限制的延期，几乎所有成员国对于核不扩散再次作出了承诺。在《不扩散核武器条约》的推动下，不仅核裁军领域取得积极进展，而且核不扩散理念日益深入人心。尽管各个国家在防扩散问题上并没有达成完全一致的共识，但是传统大国间核战争的风险大大降低，核军备竞赛总体放缓。坚持防止核武器扩散的基本原则，建立和加强敏感物项和及时的出口管制机制已经成为各国普遍接受的理念和规则。

第二节 核军控与核裁军体制面临的问题与挑战

国际军控秩序能够建立并得到维持，主要是因为各国在军控问题上存在基本共识。冷战时期，参与军控的国家数量少，不易达成共识。有核国家重视发展进攻能力，并在防御领域采取克制政策，国家间的核关系相对简单。大国在军控问题上存在基本默契，愿意管控扩散并开展有序竞争。无核国家和有核国家愿意接受《不扩散核武器条约》确立的基本逻辑，实现和平利用核能、防扩散、核裁军三者之间权利与义务的平衡。21世纪以来，随着各国对核能需求的不断增长，对获取核技术的追求呈日益上升趋势。地缘政治竞争导致大国在导弹防御等问题上矛盾升级与核武

---

① ［美］布鲁斯·琼斯、卡洛斯·帕斯夸尔、斯蒂芬·斯特德曼著，秦亚青等译：《权力与责任：构建跨国威胁时代的国际秩序》，世界知识出版社2009年版，第99页。

对抗，人类进入了弹道导弹和大规模杀伤性武器加速扩散的新时代。核军控与核裁军体制也日益暴露出其脆弱性。

一、大国维持"战略稳定"的共识逐渐瓦解

有核国家在"确保相互摧毁"基础上的"战略稳定"是国际核秩序的基础。冷战时期，为了避免了爆发不可控的激烈核军备竞赛，美苏围绕核军备发展形成了基本共识，双方进行合理的核军备发展，以不寻求打破彼此间的核均势为目标。核大国战略稳定的基础是承认彼此具有相互摧毁的核反击能力。在维持大国战略稳定基石的《反导条约》被废除后，战略导弹防御体系的发展对全球战略稳定及裁军进程带来了不确定性。在2014年乌克兰危机及叙利亚危机爆发之后，西方国家与俄罗斯互相指责，冷战时期的核对峙重新出现。随着美国反导体系的推进，美俄间的战略稳定性的维持变得更加复杂，发展与控制核武器的矛盾日益突出。

俄罗斯一再声明，要动用核武器来保护其核心利益和价值观，用非战略性核武器应对北约常规力量优势。美俄重新提升核武器在国家安全战略中的地位，两国核军控政策均出现倒退。除了举行多次包括使用核武器在内的军事演习外，两国相继出台更新核武库及相应基础设施现代化的政策，加快研发新一代战略武器运载工具及反导武器。2022年俄乌冲突升级后，大国关系的调整严重影响了国际军控机制。美国执意与中国、俄罗斯开展战略竞争，突出大国在战略领域的竞争乃至对抗关系，淡化在防扩散、防范核恐怖以及核安全问题上的共同利益，美国甚至出于地缘政治考虑，决定协助澳大利亚建造核潜艇。大国在核问题上的协调合作越来越困难。

二、技术进步带来的挑战

在全球化时代，技术进步不可避免地对核军控与防扩散体系产生影响。随着科学技术的发展与传播，特别是各国和平利用核能事业的发展，核技术的发展与扩散不可避免。现有的国际防扩散机制无法有效对这种通过民用核能项目逐渐积累军民两用核技术的现象进行管控。例如，日本已经通过几十年民用核能项目的发展，积累了关键的核材料生产技术，拥有铀浓缩和钚的提取能力，而且已经积累了大量的钚作为潜在的核武器材料，如果要公开发展核武器，其面临的技术挑战并非难以逾越。即使日本不公开发展核武器，它所拥有的核材料和先进的工业制造体系也正在使它成为"核门槛"国家，具有一定的威慑能力。问题是拥有这种潜在核威胁的国家不只局限于日本，未来将会有越来越多的国家以这种合法的形式逐渐获取"核门槛"能力。在全球化深入发展的背景下，国家很容易获得大量与核武器相关的公开的技术资料，可以采购到各种材料、仪器、精确工具以及相关设备等，甚至可以获得掌握核科技专门知识并且具有丰富经验的专家的支持。实际上，越来越多的发达国家拥有了制造核武器的技术能力与资源。对这些国家而言，是否拥有核武器，关键不在于技术与资源，而在于外部的安全环境与战略选择。尽管它们不是核武器国家，但由于它们掌握有关的先进核技术，是事实上的核技术供应者。它们的技术能力与资源构成了核能源市场的重要组成部分。在全球互动迅速发展的情况下，要防止这样的技术扩散显然会越来越困难。这种情况实际上构成了核技术扩散的物质基础。

另外，各国对新军事技术的渴求有着难以抑制的冲动，直接冲击着核军控的稳定性。美俄竞相研发先进的常规精确打击力量，给核武器与常规力量的结合注入新的复杂因素。新兴军事技术对全球战略稳定的影响愈发显著。导弹防御系统可以直接削弱核反击的效果；常规快速精确打击武器对核武器的生存能力构成挑战；太空中的侦察卫星可以对地面上的核武器运载工具进行长时间追踪；新兴的无人打击平台对陆基和海基核力量带来未曾有过的威胁。各国围绕核武器的军事技术竞赛和军备发展已经远远超出了核武器系统本身，而开始辐射到常规军事领域的多个层面和太空、无人技术等新兴军事技术领域。由于这些领域尚不存在明确的行为规则和军控机制，因此各国都在大力进行军事技术和装备的研发，已经引发了新一轮的军事技术竞赛，有可能加大常规战争引发核战争的风险。

三、防扩散机制被突破

核武器所具有的远超常规武器的巨大杀伤力和威慑力，使其具有"末日"武器的特性，既是国家维护自身安全的"终极手段"，也是威胁他国的"绝对武器"。对一些国家而言，核武器是国家实力的象征和确保安全的手段，一直试图突破国际防扩散机制的限制。印度、巴基斯坦两国在1998年5月所进行的核试验，给了核不扩散体制以沉重的打击。2016年，朝鲜第五次核试验后，形成了初步核威慑力。按照《不扩散核武器条约》规定，这些国家属无核武器国家，而且联合国在它们爆炸核装置后也不承认它们拥有核武器，但这些国家事实上已拥有了核武器。这种情况对于核不扩散体制的挑战在于，如果承认它们的核武器具有国家地位，就等于承认了核扩散的事实，从而使得条约的规范失去意义。如果不承认它们拥有核武器的事实，而它们又不愿意放弃核武器，它们就不会加入《不扩散核武器条约》，这也等于是破坏核不扩散体制。如果它们不接受核不扩散的义务，它们也不会接受核禁试的义务，从而也构成对核禁试机制的挑战。

以色列在核武器问题上采取的是模糊政策，它既不承认也不否认自己拥有核武器。它以与周围阿拉伯国家处于战争状态为借口，拒绝签署《不扩散核武器条约》。以色列的这种立场，不仅其本身是对核不扩散体制的挑战，而且它对周边国家所构成的核威胁还可能导致核扩散的连锁反应。阿拉伯国家提出在中东建立无大规模杀伤性武器倡议，然而以色列在该问题上的立场无疑构成了最大的障碍。这些国家的政策选择不仅事关它们自身的安全问题，而且关系到防扩散机制的存亡。如果国际社会不能有效回应这些挑战，就意味着国际防扩散机制的逐渐消亡。

四、核恐怖主义威胁

在冷战时期，核扩散只是国家面临的问题，核武器只是有核国家之间相互威慑的武器。在21世纪，核扩散不再只是国家面临的问题，非国家行为体成为核技术与核材料扩散中的重要成员。冷战结束后的一个重要发展趋势是，核材料流失严重，核扩散与恐怖主义相结合的潜在风险大幅度增加。根据国际原子能机构"非法贩运数据库"公布的情况，1993—2008年，成员国共报告超过1562起涉及核及其他放射性材料的遗失、盗窃和非法获取的事件。① 如何控制核扩散这一安全威胁的发展，如何合作防范核恐怖主义的威胁，成为国际安全领域全球治理的重大挑战。恐怖组织成为威胁全球核安全的最不稳定因素。美国国防部

---

① 刘振民：《积极推进国际核裁军和核不扩散进程，确保核能造福人类》，《求是》2010年第11期，第35页。

《2010年核态势评估报告》中提出，"全球核战争的威胁还很遥远，但是核袭击的风险却日益增大"。[1] 国际社会就全球范围内打击核恐怖主义提出过多项倡议。2010年4月，首届国际核安全峰会与会各国对国际核恐怖主义威胁达成共识，认为"核恐怖主义是国际安全最具挑战性的威胁之一，强有力的核安全措施是防止恐怖分子、犯罪分子及其他非授权行为者获取核材料的最有效途径"。[2] 国际核安全始终受到恐怖主义的威胁。根据国际原子能机构的报告，恐怖分子或犯罪分子获得核材料或放射性材料的可能无法排除。[3] 美俄都出现过高浓铀被盗的核保安事故，巴基斯坦曾有"核走私网络"的扩散事件。2014年7月，"伊斯兰国"从伊拉克北部城市摩苏尔的一所大学中夺取了供科研用的40千克核材料。伊拉克政府需要国际社会帮助，以"避免恐怖分子在伊拉克境内或境外使用"这些核材料。[4] 对恐怖分子来说，制造核武器并非易事，但如果拥有足够多的放射性材料，就有可能制造出脏弹，形成大面积辐射威胁。例如，"基地"组织和"伊斯兰国"等恐怖组织都曾对掌握核武器表现出强烈兴趣。这些恐怖组织扩散暴力与恐惧，与国际犯罪组织勾结进行非法交易，给中东和北非地区安全和稳定造成了巨大破坏。

---

[1] Department of Defense, "Nuclear Posture Review Report," April 6, 2010, http://www.defense.gov/Portals/1/features/defenseReviews/NPR/2010_Nuclear_Posture_Review_Report.pdf.

[2] The White House, "Communique of the Washington Nuclear Security Summit," April 13, 2010. https://www.whitehouse.gov/the-press-office/communiqu-washington-nuclear-security-summit.

[3] IAEA incident and trafficking database (ITDB), "Incidents of nuclear and other radio active material out of regulatory control 2014 Fact Sheet," http://www.ns.iaea.org/downloads/security/itdb-fact-sheet.pdf.

[4] 《伊拉克叛军夺取40公斤核材料控制化武工厂》，人民网，2014年7月11日，http://news.qq.com/a/20140711/018600.htm。

五、防扩散机制的局限性

从本质上看，现有的防扩散机制是个歧视性安排。《不扩散核武器条约》所规定的缔约国的权利和义务不平衡，导致该体系本身就存在不平等和不公正的问题。参加核不扩散体制的国家之所以接受这样的安排，就在于当时的国际社会只能产生这样的安排。当然，无核武器国家接受这样一种歧视性的制度安排并不等于承认这样的安排是合理的。无核国家放弃发展核武器，前提条件是有核国家承诺谈判全面彻底核裁军，并协助它们和平利用核能，最终实现无核武器世界。因此，能否顺利地推进核裁军，就成了这个体制能否存在下去的关键。然而，长期以来，拥核大国推动核裁军进程的意愿和力度与要求无核国家承担不发展核武器的力度相比不成正比。国际防扩散机制的不公平性和不合理性实际上固化了国家在核领域的不平等地位。在防扩散方面，虽然在冷战结束后的一段时间内出现了积极态势，但有核国家和无核国家的矛盾却随着时间的推移不断激化。有核国家迟迟不肯实质性地推动全面核裁军，反而进一步要求无核国家接受更严格的防扩散义务和保障监督机制，激起了不少无核国家的不满。再加上像美国这样的拥核大国在核问题上历来执行双重标准，从而加剧了核不扩散体制的不公正性。印度和巴基斯坦进行核试验之后，美国为了地缘政治利益，不惜牺牲核不扩散原则，推动国际社会接纳印度为正常的核国家，破坏了核不扩散领域重要的国际规范和其背后的国际价值观共识。因此，无核武器国家对于有核国家在兑现承诺方面的缓慢行动，对于美国核政策的两面性备感失望。无核国家认为美国不愿支持无核国家发展民用核能、核裁军进展异常缓慢，同时有核国家过度热衷于防范核扩散，从而有核国家和无核国家间的共识被打破,大大削弱了长期凝聚的防止核武器扩散和削减核武器的共识。无核国家认定有核国家享受了太多权利却不愿履行相应责任和义务。无核国家为施压有核国家,经过不懈努力谈判达成并在联合国大会通过了《禁止核武器条约》,试图让核武器"非法化",要求各国销毁所持有的核武器。

第三节　有关核军控和防扩散机制前景

核军控和防核扩散机制是走向全面禁止和彻底销毁核武器最终目标的重要安排。该机制基本上体现了世界各国的共同利益,国际社会试图通过国际机制、规范和道德观念对核大国行为加以约束。然而,随着大国战略竞争回归,该机制的前景充满不确定性。国际军控和防扩散机制面临先进常规武器对国家间核关系的冲击、外空和网络等新"领域"与传统核关系的交叉、核领域攻防关系的演进、如何处理事实核武装国家与现存国际军控秩序的关系等诸多问题的挑战。

一、大国核战略的导向性作用

核军控与核裁军推进的程度对国际防扩散机制的强化具有明显的相关性,对防范核恐怖主义、和平利用核能都会产生显著的影响。有核国家能否顺利地推进核裁军主要取决于核大国,尤其是美国对该体制的看法和行为。美国作为唯一在战争中使用过核武器的国家,一直保持着在核武器技术方面的优势,也从未停止过对核武器的更新换代。长期以来,美国军事理论、安全理论及北约组织成员的防卫战略概念，均以使用或威胁使用核武器为基础，并坚持立足于发展军事联盟为实现其安全的路径，并且拒绝对无核国家提供具有法律约束力的安全保证。美国核政策的基本原则是在拥有最小规模核武器的前提下，保持具有令人信服的核威慑能力。

在防扩散问题上，美国不重视从根本动机上化解扩散国对核力量的追求。对于可能或正在发展军事核能力的国家，不但不采取措施缓解其安全威胁，减少其对核武器的需求，反而进一步加大对这些国家的经济制裁和军事威胁。以美国为首的西方国家甚至以非法发展核武器为名，直接对伊拉克发动战争。美国这种政策难以说服安全受到威胁的国家放弃"拥核"目标，导致一些感受到美国安全威胁的国家公开表示更加需要发展核武器以维护自身的安全。在具体防扩散措施方面，美国等西方国家主导建立了一系列多边出口管制机制，经常用自己国内的出口管制法规要求其他国家，并通过"防扩散安全倡议"等方式敦促其他国家加大对可疑货物的拦截力度，寄希望于通过全面掐断扩散国获取敏感材料和技术的途径，阻止其提高自身核能力。这种技术性应对的做法不仅无法取得成效，反而迫使受到威胁的国家采取相应的反制措施，逐步发展出独立的军工制造体系。例如，朝鲜在没有外来技术支持的情况下，依然在核及导弹技术领域不断取得快速进展，凸显出西方国家技术封锁政策的局限性。从安全视角看，威胁从来都是相互的。一方威胁另一方，反过来自身也会受到另一方的威胁，尽管威胁的手段可能不同。核大国如果以核武器对他国进行威胁，那么受到威胁的国家为降低自身安全的脆弱性，拥有反威慑能力就成为符合逻辑的政策选择。要么发展核武器把自己武装起来，要么利用其他更容易得到的大规模杀伤性武器进行反威慑。例如，利用生化武器对抗他国的核威慑。这势必引发国家间的大规模杀伤性武器军备竞赛，强化军事领域核对抗，而且会带来核扩散的连锁反应，最终导致核军控与防扩散机制的瓦解。

二、国际核裁军进程进入停滞状态

大国战略竞争回归必然弱化各方军控合作。在俄乌冲突背景下，美国与俄罗斯的关系难以迅速改善，北约与俄罗斯的军事对峙使得它们都进一步强调核武器在军事危机中的威慑作用，增加了核武器冲突的风险。在亚太地区，美国、英国、澳大利亚三国组建"三边安全伙伴关系"，澳大利亚将借助美英两国技术建立核动力潜艇舰队。拜登政府持续推进其"印太战略"，不断挑起在台海地区和南海地区的军事对立，强化在东亚地区的导弹防御网和反潜网，对中国的安全环境带来越来越大的影响。在核大国之间缺乏政治互信的情况下，相关国家之间难以形成一套能比较明确处理彼此核关系的新机制。

随着新的军事技术发展，核大国之间的核关系已经远不如冷战期间那样孤立和单一。先进常规军事力量开始介入国家间的核关系。例如，导弹防御和常规快速精确打击武器，已经可以对核武器的生存构成直接挑战。核武器系统的通信、指挥控制等关键设施，也更加受到新型常规武器的威胁。由于核武器的生存能力与常规快速精确打击武器、导弹防御、太空侦察甚至无人武器系统等其他军事领域的联系越来越密切，各国巩固和增强核威慑的能力已经扩大为以上诸多相关领域内的全面军事技术竞赛。而这些新兴领域的军事技术竞赛充满了不确定性。这种不确定性更加激励着相关国家不断追求技术赶超和突破。而这些相关领域内军事技术的发展，将进一步强化有核国家对自己的核威慑能力受到新军事技术威胁的担忧。围绕核武器的军事技术竞赛和军备投入难以得到有效控制。这一趋势从根本上动摇了核大国之间建立在相互脆弱性基础上的战略稳定关系。

三、新型防扩散压力不断增加

科技的发展使得核扩散的技术门槛越来越低。比如激光铀浓缩技术会使得监控和发现秘密铀浓缩设施的难度进一步提高。与之形成对比的是，国际核不扩散机制的制度缺陷，使其无法有效阻止一个国家利用军民两用核技术积累核武器发展能力。在大量国家纷纷发展核能项目的背景下，这种新型的隐形核扩散威胁是对国际核秩序的深层挑战。

第九章/国际恐怖主义

自冷战结束以来,恐怖主义的凸显是构成世界局势不稳定因素的一个重要因素,对国际和平与安全构成重大威胁,成为国际社会所关注的全球公共安全重大问题。恐怖主义活动不仅给人们带来人身伤害,还会造成社会恐慌,破坏经济、社会的正常秩序。以"9·11"事件为标志,表明恐怖主义已经构成了一种重大的全球性威胁。国际社会将预防和打击恐怖主义犯罪作为自己的重要任务之一,共同打击恐怖主义已成为国际合作的重要议题。而在新时期,恐怖主义威胁的成因变得更加复杂,其目的和手段更加难以捉摸,全球反恐的任务也因此变得日益艰巨。

第一节 国际恐怖主义概述

一、恐怖主义的概念

恐怖主义活动具有多样性和复杂性,对于恐怖主义的概念也是众说纷纭。学界对恐怖主义的概念并无共识。其原因主要有三:一是恐怖主义现象复杂,其行动目的、手段及特点各异,因此人们往往会有不同视角并选用不同的界定要素;二是恐怖主义是政治冲突的产物,是政治现象,持不同政治态度的人必然会基于自己的立场与价值观对之作出不同的判断与认定；三是恐怖主义作为一种暴力和犯罪形式，与其他形式的暴力和犯罪常常相混淆，难以区分。

尽管如此，随着恐怖主义活动的猖獗，人们对恐怖主义的认识逐渐深入，对此概念也形成越来越多的共识。人们将恐怖主义简洁地定义为"强制性恐吓，或者更全面地定义为系统地使用暗杀、伤害和破坏，或者通过威胁使用上述手段，以制造恐怖气氛，宣传某种事业，以及强迫更多的人服从于它的目标"。"国际恐怖主义是指跨越国界的恐怖主义，或者指针对在恐怖主义分子本国外的目标而运用的恐怖主义。恐怖主义从来就不是纯国内的。"[1] 卡尔·多伊奇认为，广义地说，恐怖主义是个人或集团使用暴力行动或威胁以改变某些政治进程结局的策略。[2]

从概念上来讲，恐怖是指一种心态。就语言的词义而言，极度恐惧是恐怖的基本和普遍含义。从这个含义出发，恐怖活动是指使人感到极度害怕的行为，或者说是使人感到生命受到威胁的行为。恐怖分子进行恐怖活动，造成人们的恐怖心态，是有一定的目的与动机的。这种目的与动机有政治与非政治的区分。这样就可区分识别恐怖活动与恐怖主义活动的不同。一般来说，如果行为者的行为是出于某种反社会心理，所要实现的目的是个人报复、泄私愤或是为了勒索赎金等，那就属非政治行为。例如，在西方国家发生在校园或公共场所的枪击事件，就属此类。这类恐怖事件，通常没有政治背景，属于突发的和偶然的严重刑事犯罪。

---

[1] [英]戴维·米勒主编，邓正来等译：《布莱克维尔政治学百科全书》，中国政法大学出版社2002年版，第811页。
[2] [美]卡尔·多伊奇著，周启朋等译：《国际关系分析》，世界知识出版社1992年版，第244页。

与这类情形不同，如果行为者的打击对象是一个国家的政府，或是一个种族、一个民族，或是一个教派，目的是迫使受伤害者做原本不会做的事，诸如改变政治态度或内外政策，那就属于政治行为了。这种行为具有政治属性，不同于一般的暴力犯罪。人们通常认为，恐怖主义属于政治性的恐怖活动，而且"主义"意味着其行为是一种系统地、持续地和有组织的行为。例如，制造"9·11"事件的"基地"组织就具有这样的特点。为了实施劫持多架客机并撞向不同目标的计划，该组织做了长期的策划和准备，其行动计划非常周密。在当代，人们在讲到恐怖主义的时候，通常都是指恐怖主义组织的活动。这些组织有严密的体制，有极端主义的意识形态和明确的政治目的，并且能够进行持续的暴力活动。

近年来，恐怖主义出现了一些新动向和变化：一是组织结构的去中心化和"网络化"，即由过去的"金字塔状"变为"蜂窝状"或"网状"。这种变化导致了"微恐怖主义"或"小规模恐怖主义"的出现。所谓的"孤狼"恐怖主义就是这种趋势的产物。这类以个人行动为特点的暴力事件频繁出现在很多国家，看似与恐怖组织没有直接联系，但实际上有可能是在恐怖组织号召下行动的。实际上，"基地"组织就一直在大力鼓动个人实施的"圣战"行动。二是组织结构的"国家化"。作为"基地"组织升级版的"伊斯兰国"就具有这样的特点。该组织改变了传统恐怖组织的非国家行为体的形态，不但控制着相当面积的领土，拥有自己的政权，而且通过征税等来维持组织的运转。这一"国家"尽管很短命，但它确实构成了迄今最具影响力和威胁性的恐怖主义组织。

综上所述，可以发现恐怖主义大致有四个构成要素：第一，恐怖主义行动必须是有预谋的暴力行动，具有一定的破坏性。第二，恐怖主义活动往往具有一定的政治诉求或是希望达到一定的政治目标。第三，恐怖主义旨在制造一种恐怖的气氛，引起大众的恐慌。[①] 第四，恐怖主义袭击具有突发性和难以预测性，其袭击行为超越常规，具有不确定性，手段往往特别残忍，无辜平民经常成为恐怖袭击的对象，即恐怖主义犯罪在何时、何地针对何人、何物以何种方式发生难以预知，而正是这种突发性或对受害者而言的偶然性增加了其恐怖性。恐怖主义在突然情况下对公众造成的身体和精神的双重伤害是其对公共安全造成的最大威胁。

二、恐怖主义类型

随着冷战结束，国际关系重新分化组合，恐怖主义组织的类型和特点也在不断发生变化。根据恐怖组织形成的原因和活动特点，可以将当代恐怖主义分为以下几种类型。

（一）民族主义类型恐怖主义

民族问题的形成具有深远的历史根源，它与种族、边界、宗教等问题纠缠在一起，成为许多国家长期不安定的因素。在民族主义类型的恐怖主义中，较有代表性的是民族分离主义者的恐怖组织。英国的"爱尔兰共和军"就是一个典型例子。历史上的北爱尔兰与现在的爱尔兰同属一国，在12世纪时沦为英国的殖民地。1921年，迫于爱尔兰民族独立运动，英国允许爱尔兰南部独立，而爱尔兰北部6个郡仍处于英国的统治之下。多年来，掌握北爱尔兰地方政府大权的一直是英国的新教徒，北爱尔兰的天主教徒在各方面受歧视，失业率很高。20世纪60年代末，北爱尔

---

① ［美］伊恩·莱塞等著，程克雄译：《反新恐怖主义》，新华出版社2002年版，第122页。

兰的天主教徒与新教徒发生严重冲突，天主教徒的恐怖组织"爱尔兰共和军"趁机活跃起来，制造了多起暗杀、爆炸事件。"爱尔兰共和军"的恐怖活动一直是英国政府的一块心病。20世纪90年代初，随着冷战结束，两极格局瓦解，原先被掩盖着的民族矛盾重新爆发出来。在一些民族问题较严重的国家，民族分离主义者打出了"争取民族自决权"的口号，不顾历史现状及其他民族的利益，大搞恐怖活动。从欧洲大陆到中东、西亚、非洲，到处都有恐怖主义的血腥残杀：俄罗斯车臣分裂分子频频制造爆炸和绑架人质事件；斯里兰卡的"泰米尔猛虎组织"不断向政府发起进攻；阿尔及利亚连续发生"汽车炸弹案"……由民族问题而引发的恐怖活动，将伴随民族主义的重新兴起而持续很长一段时间。

（二）宗教类型恐怖主义

宗教类型恐怖主义的典型代表，是伊斯兰激进主义的一些组织。激进主义对现实社会不满，主张恢复伊斯兰教原始形式，建立政教合一的神权制度。恐怖主义是伊斯兰激进主义者所一贯推崇的手段。伊斯兰激进主义的代表组织是穆兄会。该组织成立于1928年，最初的宗旨是"抵制西方文化对阿拉伯世界的影响"。穆兄会自成立以来，在阿拉伯世界的影响不断扩大，逐渐由一个宗教性组织发展为半军事性恐怖组织。哈马斯是从穆兄会中派生出来的一个组织，其提出的带有宗教意味的奋斗宗旨颇为激进：发动"圣战"消灭以色列，最终在巴勒斯坦建立一个伊斯兰国家。冷战结束后，伊斯兰激进主义在中东出现复兴趋势，其原因是多方面的。在穆斯林占人口多数的一些伊斯兰国家，伊斯兰激进主义的主张极易得到人们的同情和共鸣。另外一些国家在经济发展中出现了不少问题，青年人的就业问题得不到解决，感到前途渺茫，就把伊斯兰教作为精神寄托。伊斯兰激进主义者利用自己的实力，向青年人提供优裕的福利条件，并趁机宣传自己的主张，以期赢得更多支持者。宗教性质的恐怖活动已成为当代恐怖主义的主要形式。目前，世界形势剧变，原有的价值观冲击着人们的观念，而宗教作为一种超自然的神灵崇拜，满足了人们寻求精神寄托的要求。因此，以伊斯兰激进主义为代表的宗教型恐怖活动迅速在全球各地蔓延，其势头有增无减。宗教性质的恐怖活动将会在相当长的时期内存在。

（三）极右翼恐怖主义

极右翼恐怖主义的典型代表是泛滥于欧美的右翼恐怖组织。西欧曾经是希特勒法西斯势力的发源地。二战结束后，各国对法西斯势力进行了打击，但法西斯势力并没有从此绝迹。战后不久，新法西斯组织又改头换面地出现了。极右翼分子频频制造恐怖事件，或是进行骇人听闻的暗杀，或是在人群密集的公共场所进行炸弹爆炸袭击，从而严重骚扰了社会安定。近年来，极右翼思潮再次在西欧和美国泛滥。1990年德国统一后，警方估计至少有1.5万名新纳粹分子，1992年德国发生了4500起袭击事件，1000起爆炸案和纵火案。新一代极右翼分子拥有各种现代化通信工具协调行动，通过计算机网络安排恐怖事件。欧洲的纳粹网联结着法国、瑞士、葡萄牙、匈牙利、俄罗斯等国，并穿过大洋发展到美洲。美国的极右翼恐怖组织的势力近几年也不断扩大，对美国社会构成严重威胁。据统计，目前美国有右翼极端组织300多个，遍布近40个州，相当一批右翼极端组织实行军事化。这些右翼极端组织自20世纪80年代中期以来频频制造恐怖爆炸事件。进入20世纪90年代，恐怖活动愈演愈烈。1995年4月19日，极右翼恐怖分子制造了美国历史上最严重的俄克拉荷马城爆炸事件。极右翼恐怖组织的泛滥已成为欧洲和美国的社会难题。极右翼恐怖主义泛滥的主要原因是：首先，社会的两极分化使许多人处于失业贫困中，特别是欧洲各国近年来经济形势恶化，失业率上升，一些人对生活失去信心，对社会产生仇恨情绪。其次，西欧各国深受移民问题的困扰。近年来大批涌入西欧的移民对西欧经济和社会冲击很大，引发了就业、种族矛盾。最后，种族主义思想近年来大肆泛滥。美国的极右翼组织鼓吹"白人优越"论，攻击有色人种给美国社会带来危害。欧洲的纳粹分子则大肆宣扬"日耳曼种族优越"论，企图重温"第三帝国"旧梦。

（四）极左派恐怖主义

极左派恐怖主义的出现具有复杂的政治社会背景。20世纪60年代，西方各国进入了经济高速发展时期，同时也出现了严重的社会问题。如教育制度的缺陷、失业人口的增加。尤其是那些在战后生育高峰期出生的年轻人涌入社会，加入失业者的行列后，社会问题更加突出。这些年轻的失业者，感觉自己被社会抛弃了，在失望和愤怒的情绪中，他们走上街头，发泄对现实社会的不满。而极左思潮当时正流行于西欧各国，极左派学者著书立说，发表演讲，推崇无政府主义，反对局部改良，主张以暴力彻底摧毁现存社会。在此背景下，西欧出现了一些由青年人组成的极左派恐怖组织，其中最著名的是成立于1968年的联邦德国"红军派"和成立于1969年的意大利"红色旅"。这两个恐怖组织自成立后制造了多起针对当局的恐怖事件。到20世纪70年代中期，它们的恐怖活动达到高潮，1978年3月，"红色旅"成员绑架并杀害了意大利总理莫罗，这一行径受到世界舆论的强烈谴责，一些极左派恐怖组织的支持者和同情者也纷纷改变立场，它们内部也开始分化。20世纪80年代初，联邦德国和意大利警方对"红军派"和"红色旅"成员进行围剿，它们的主要成员纷纷落网，从而大大削弱了这两个极左派恐怖组织的力量。但是，遭受重创的"红军派"和"红色旅"并没有从此销声匿迹。在经历了一段消沉期后，这两个恐怖组织在20世纪80年代中期又"卷土重来"。它们与后来成立的法国"直接行动"组织，比利时的"共产主义战斗小组"和葡萄牙的"四·二五人民力量"等恐怖组织组成"联合阵线"，在西欧各国掀起了新的恐怖浪潮。一批西欧各界要人先后死于它们的恐怖之手：1985年1月25日，法国国防部奥朗德将军中弹身亡；1986年11月19日，雷诺汽车公司总裁贝斯被杀；1987年3月，意大利将军焦耳杰遇刺身亡；1989年11月30日，德意志银行董事长赫尔豪森被炸弹炸死。冷战后，在西欧各国警方的严厉打击下，西欧的极左派恐怖组织力量大为减弱。但21世纪以来，西欧的几个极左派恐怖组织已经与中东的一些激进恐怖组织联合起来，共同从事恐怖活动。此外，全球化的持续发展和欧洲一体化推进，为西欧的恐怖组织活动提供了物质和技术上的便利条件。西欧的极左派恐怖组织一直是一股不可忽视的恐怖势力。

三、恐怖主义的产生与发展

在不同的社会历史条件下，恐怖主义在一定时期内往往呈现不同的国际性、全球性特征，在多个国家出现了类似的恐怖活动，并受到共同力量的推动和主导，这种共同力量塑造了恐怖活动参与团体的特点及其相互之间的关系。对于"恐怖主义"这一提法，最早出现在18世纪法国大革命时期。当时雅各宾派为了迅速控制法国国内混乱的形势，推行恐怖统治。"热月政变"之后，热月党人以"白色恐怖"镇压革命运动。自法国大革命以来的现代恐怖主义大体分为四个发展阶段。

第一个阶段:"无政府主义浪潮"时期。这个阶段始于19世纪末,当时俄罗斯的无政府主义者在推动其政治主张时也形成了独特的恐怖主义文化,当时的恐怖活动主要是通过对政治统治集团成员进行暗杀行动,希望以此唤醒民众的反抗意识。在他们看来,恐怖就是唤醒民众、摧毁罪恶的现存社会秩序最高效的方法。科技进步推动电报、报纸、铁路等传播及交通设施的发展,使世界各地的联系日益密切,也使恐怖主义活动可以发挥日益增强的国际影响力,历史上首次出现全球性或国际化的恐怖主义现象。

第二个阶段:"反殖民主义浪潮"时期。这个阶段的恐怖主义形成于二战之后到20世纪60年代末。在此期间,恐怖主义行为的活动热点是殖民地、附属国或刚独立的民族国家,反殖民统治成为恐怖主义的主要形式。

第三个阶段:"意识形态浪潮"时期。这个阶段,恐怖主义也成为美苏冷战的工具,具有一定程度的意识形态色彩。比如巴以冲突不能和平解决而由此引发的恐怖活动等。据美国兰德公司的有关资料,20世纪80年代全世界共发生了近4000起恐怖活动,比20世纪70年代增加了30%,死亡人数则翻了一番。在这个时期,世界范围商用飞机的发展与应用,使恐怖分子获得袭击全球性目标的能力,出现了"非领土恐怖主义"现象。

第四个阶段:"宗教浪潮"时期。1979年伊朗伊斯兰革命后开始出现。进入20世纪90年代以后,以往在美苏两大国严密控制下的各种矛盾开始爆发,恐怖主义行为有了明显的变化,老的恐怖主义逐步退出历史舞台,新的恐怖主义组织开始出现。尤其是在"9·11"事件之后,恐怖主义发展进入新的阶段,恐怖主义组织规模不断扩张,活动能力更加强大,袭击手段更加丰富,能够实现跨国恐怖袭击。在这个阶段，通信技术的发展增强了恐怖分子传播恐怖、威胁及组织创新的能力，并对国际安全构成新的挑战。

四、当代恐怖主义的基本特征

随着互联网及信息与通信技术的发展，当代恐怖主义的形态和特征发生了深刻变化。虽然互联网本身并非恐怖主义滋生和发展的根源，但是互联网技术的发展使国际恐怖主义呈现出新特征。

（一）民族与宗教矛盾成为恐怖主义的重要来源

恐怖主义成为宗教激进主义者用来发动攻击的主要方式。冷战结束以后，宗教动机成为定义新恐怖主义特征的主要依据，在事实上产生了与现代世界完全不同的价值体系、合法化机制、道德原则和世界观。在宗教极端分子的世界观里，世界只有两种：一种是"我们"的，一种是"敌人"的。他们通过对宗教教义的极端理解和信奉，要求发动"圣战"，消灭任何与其宗教观念不符的国家，鼓动信众进行自杀式的恐怖活动等，具有强烈的反社会性。比如，1995年奥姆真理教用沙林毒气袭击了日本东京的地铁，造成12人死亡，5000多人受伤；2001年9月11日，"基地"组织制造的"9·11"事件，造成2982人死亡，2337人受伤，直接反映了伊斯兰世界与美国霸权之间的冲突。

（二）恐怖主义行动的动机复杂化

20世纪90年代以来，在各种力量的作用下各国社会分裂加剧，非政治性因素增多，恐怖主义分子的追求目标也随之发生变化。当前恐怖主义犯罪组织不仅对传统政治目的有所追求，其犯罪动机也日益复杂化。如在美国，近年来接连发生多起堕胎诊所被毁的事件，这些恐怖主义行为是一些反对人工流产的组织所为。一些维护动物权利、反对核武器研制和部署、抗议环境污染、争取同性恋合法地位的狂热组织等，也效仿恐怖主义组织的某些方式进行抗争；还有一些恐怖主义犯罪只是恐怖主义组织为了证明其自身的存在，或是为了发泄其成员受挫的情感；有的则是出于思想意识、宗教、复仇等原因。此外，还有很多针对正在进行的全球化进程的恐怖主义犯罪。施行者试图通过实施恐怖主义犯罪活动，以阻止全球化进程。总之，全球化对发展中国家及其人民的冲击，对社会经济与政治的种种冲击及这种冲击所造成的迷惘、失落、恐惧、动荡，也会成为恐怖主义犯罪产生的一个诱因。

（三）恐怖袭击手段多样化

当代恐怖主义活动中，实现了高技术高智能手段的使用。在传统的恐怖主义活动中，暗杀、绑架、爆炸和劫机是最常见和最主要的形式。当代恐怖主义犯罪活动在活动方式和手段上已有重大变化，一些恐怖主义犯罪分子已经具备了制造和使用高技术装备的能力，作案器材或工具更为尖端、先进，行动规模不断升级。近些年来，还出现了一些新型的恐怖主义犯罪手段，如"网络恐怖主义"，即利用计算机和互联网进行的恐怖主义活动。恐怖主义组织越来越多地通过"信息高速公路"传播恐怖主义犯罪信息，获取作案技术、进行联络及筹措经费，并利用互联网络破坏电子信息系统，制造社会恐怖气氛等。比如在"9·11"事件后美国政府多次收到带有炭疽病毒的邮件；斯里兰卡的"泰米尔猛虎组织"利用电子邮件炸弹攻击斯里兰卡驻美国大使馆，使该大使馆在相当一段时间内不能使用电子邮件。此外，恐怖主义分子还可能利用现代高科技手段，制造并使用大规模杀伤性武器，利用核技术和生化武器或制品进行恐怖主义袭击的危险性进一步增大。

（四）呈现全球性网络化特征

随着经济全球化的不断深入和信息技术的飞速发展，恐怖主义的全球化特征日趋明显。不同类型的恐怖主义组织掌握了便捷的通信手段，他们从全球各地募集资金，培训人员，不同地区的恐怖主义组织之间保持相互联络与合作，结成了一个遍及全球的恐怖主义网络。全球化与科技发展为增加恐怖分子发动恐怖袭击的手段带来更多可能性。"独狼"式恐怖主义现象既是国际恐怖主义自身演变的产物，也与全球化、科技革命和国际与地区局势变化紧密相关。信息时代出现的恐怖活动显著特征是"无领导"，个体和小型组织在没有传统指挥和控制的背景下根据自身议程实施暴力恐怖活动，这是与以往反叛活动模式的重要区别。信息时代主要受技术发展推动，越来越多的非国家行为体的出现和扩散产生了削弱大国权力的积累效应，并使支持极端暴力观点的个体和小型组织获得能够产生摧毁权力的潜能，同时新技术的发展使各种网络能够以更便捷、更廉价的方式跨越国界。在互联网的影响下，一些极端个体的忠诚从国家转移到某项"事业"。简言之，信息时代的主要特征就是日益变小的实体具有日益增加的权力和能力，从而使个体和小型组织成为各地区本土暴力冲突的重要行为体。"9·11"事件后，"独狼"暴力恐怖事件数量不断增加，并成为当今世界发展最快的暴力恐怖活动类型，对全球安全构成重大威胁。

(五) 恐怖主义意识形态的扩散

国际恐怖主义的主要威胁并不在于恐怖行为本身，而在于一个恐怖事件往往具有能够激起更大、更危险冲突的潜能。互联网为极端思想和行动的"传染效应"和"模仿效应"提供了平台，推动了恐怖主义极端意识形态的传播与扩散。在很多现实案例中，个体袭击者之间存在明显的"模仿"现象。同时，互联网推动极端意识形态的多样化。例如，"伊斯兰国"恐怖组织利用新媒体工具传播极端主义思想等。在其极端主义思想传播和扩散的过程中，虽然在最初阶段各地分支和个体与"伊斯兰国"恐怖组织持有相似的意识形态和暴力行动，但他们很快就在方式和动机上产生差别，使他们独立于"伊斯兰国"恐怖组织而行动，成为其松散的网络分支。由于各地区具有"相同信仰的"独立小组在本土拥有自己的发展轨迹和实践，从而逐渐推动极端意识形态的多样化、碎片化发展。

第二节　国际恐怖主义的治理

随着恐怖主义国际化的蔓延，全球性恐怖主义危机日趋明显，打击恐怖主义成为当前国际社会合作的重要议题。全球化为恐怖分子的跨国流动和恐怖主义的蔓延提供了便利，造成国家和地区安全形势恶化，进一步加深国家间矛盾，要求国际社会开展全球范围内的合作，在国际层次上建立维持正常社会秩序的新体制，制定新的公共政策，建立起确定的国际反恐合作原则与规范，形成有效的行动准则。在此基础上，各国需要调整自身的反恐战略，肯定和认可彼此的反恐活动，并且互相协调，给予一定程度支持。另一方面，在全球和区域范围内成立相关国际组织，或是在既有国际组织中增强其反恐职能。因为在当前国际恐怖主义治理中，显然仍是以联合国以及全球或区域合作的"制度性反恐合作"为主。

一、联合国及《联合国全球反恐战略》

为了应对恐怖主义的威胁，联合国在打击恐怖主义以及推动国际反恐合作中起到了重要作用，是全球反恐体系的核心。国际社会在过去的几十年里建立了反恐的法律框架，其中包括许多与联合国安理会决议相关的反对恐怖主义法律条款。

在联合国框架中，最有效也最为持久的反恐努力体现在国际民用航空组织的法律体系中，包括先后通过的三个关于飞行安全的公约：1963年《东京公约（航空器）》、1970年《制止非法劫持航空器公约》和1971年《关于制止危害民用航空安全的非法行为公约》。这些公约有效地遏制了劫机犯罪。此外，联合国还通过了《消灭国际恐怖主义措施宣言》(1995年)、《制止恐怖主义爆炸的国际公约》(1997年)及《制止向恐怖主义提供资助的国际公约》(1999年)。2001年，联合国大会进行了关于恐怖主义问题的一次大辩论，并成立了安理会反恐委员会，以监督各国对安理会有关反恐决议的执行情况。2006年9月8日，联合国通过了《联合国全球反恐战略》，以加强国家、区域和国际的反恐合作。这是全体会员国首次就反恐战略达成一致，承诺将采取切实步骤，共同防止并打击恐怖主义。2021年5月27日，联合国大会通过了关于《联合国打击网络犯罪公约》。

《联合国全球反恐战略》为其成员国开展反恐行动提供了方

向性的指导。该战略的目标是从根本上消除恐怖主义蔓延的条件。内容包括和平解决长期未决的冲突，和平解决这种冲突将有助于加强全球反恐斗争。尽可能利用联合国在预防冲突、维持和平和建设和平方面的能力，预防和解决持久未决的冲突，减少侵害人权、民族宗教歧视等行动；促进不同文明、文化、民族、宗教之间的对话、容忍和理解，相互尊重；要求各国承担法律义务；在法律层面禁止一切与恐怖主义有关的活动；在社会层面，加强社会发展和社会包容议程，减少人群的边缘化和受害意识，促进消除贫穷，促进持续经济增长、可持续发展和全球繁荣；加大在法治、人权和善政领域已开展的合作与援助的规模，建立国际援助系统，并推动民间社会参与反对和谴责恐怖主义的全球运动。同时要求各国采取措施，不参与、资助、鼓励或容忍恐怖主义活动，遵照国际法承担义务，在反恐斗争中进行充分合作；强化国家间的司法互助和执法机构的合作，建立相关数据库，同时及时交流关于防止和打击恐怖主义的信息；加强国家内部以及双边、次区域、区域和国际合作，改进边界和海关管制，以防止和查明恐怖分子的流动；加强各国的协调与合作，打击可能与恐怖主义有关联的犯罪，加强与国际组织的合作，集体协调行动；在国际和区域各级协调努力，打击利用以互联网为工具的恐怖主义的蔓延；改善对基础设施、公共场所等特别易受攻击的目标的安全与保护，以及在发生恐怖主义袭击和其他灾害时的应对措施，特别是对平民的保护。

由于各国对网络恐怖主义的界定存在诸多分歧，在普遍适用的网络恐怖主义国际条约短期内无法取得任何进展的情况下，2021年的《联合国打击网络犯罪公约》将在打击网络恐怖主义方面发挥重大作用。《联合国打击网络犯罪公约》将有利于确立网络空间负责任国家行为规范，明确各国在网络空间的国家责任，这有助于将单边制裁塑造为合法的反制措施，从而不会作为违反国家豁免规则的行为。随着网络犯罪成为普遍的国际罪行，网络恐怖主义对各国网络安全构成的威胁可能被世界贸易组织争端解决机制认定为构成"国际关系中的紧急情况"，从而得以援引安全例外规则以证明单边制裁可能导致的歧视性贸易是正当的。另外，相关国家在单边制裁领域所积累的经验可以为网络犯罪的调查、执法、定罪、国际合作等问题提供指导，有助于国际社会在相关问题上尽快达成共识，推动尽快缔结《联合国打击网络犯罪公约》。

此外，联合国还采取行动加强各国反恐基础设施的建设，推进国家之间及其与国际组织之间的合作，扩散国际社会有关通过合理、合法、非军事手段治理恐怖主义的国际规范。联合国在法律、规范、制度层面上采取的诸多行动，奠定了其在恐怖主义全球治理中不可或缺的地位。

二、上海合作组织

除了联合国及其相关机构，地区性论坛和组织也在反恐合作上起到了重要作用，包括亚欧会议、欧洲安全与合作组织等。下面以上海合作组织为例，介绍区域组织在反恐合作中的作用。

上海合作组织于2001年6月15日成立于上海，创始成员国包括中华人民共和国、哈萨克斯坦共和国、吉尔吉斯共和国、俄罗斯联邦、塔吉克斯坦共和国、乌兹别克斯坦共和国。六国首脑共同签署了《打击恐怖主义、分裂主义和极端主义上海公约》，正式建立了具有实质意义的反恐怖多边合作机制。2017年，上海合作组织首次扩员，印度、巴基斯坦成为正式成员国。2023年，伊朗加入上海合作组织，上海合作组织正式成员国增至9个。

上海合作组织的宗旨是加强各成员国之间的相互信任与睦邻友好；鼓励成员国在政治、经贸、科技、文化、教育、能源、交通、旅游、环保及其他领域的有效合作；共同致力于维护和保障地区的和平、安全与稳定；推动建立民主、公正、合理的国际政治经济新秩序。上海合作组织对内遵循"互信、互利、平等、协商、尊重多样文明、谋求共同发展"的"上海精神"，对外奉行不结盟、不针对其他国家和地区及开放原则，主张以共同利益为基础，以相互信任为纽带，以合作开放对话为国家间交往的基础，双方关系不应以针对第三方为条件。

上海合作组织的最高决策机构是成员国元首理事会，该理事会每年举行一次会议，就组织所有重大问题作出决定和指示。当前，民族、宗教极端势力与贩卖毒品、走私爆炸物品和枪支弹药以及有组织犯罪活动交织在一起，构成了对本地区安全稳定的现实威胁，因此合作打击地区恐怖主义便成为上海合作组织的主要职能之一。上海合作组织有两个常设机构，分别是设在北京的秘书处和设在塔什干的地区反恐怖机构。地区反恐怖机构作为上海合作组织两个常设机构之一，正努力建成一个在安全领域汇集信息、协调执法、组织打击"三股势力"的平台，在安全执法合作领域发挥着重要作用。上海合作组织地区反恐怖机构成立十余年来，制定了一批法律，形成300多项决议，建立了若干重要合作机制，并不定期举行反恐实战演习。

上海合作组织成立十余年间，在反恐及其他多边领域合作中取得显著成效。首先，在解决历史遗留边境问题上取得实质性进展，使长达7300余千米的共同边界线成为连接各国友好合作的安全纽带。其次，组织机制逐渐完善，设有高峰会、部长会、高官会和轮值主席、秘书处等相应的对话协商机制。再次，反恐合作取得实质性进展。加强国家间、政府间的合作，共同执法形成合力，有效打击了这一地区的"三股势力"，取得突出成效。最后，通过反恐等政治军事合作推动经贸合作，尤其是能源方面的合作，取得积极进展，但一些方面仍有待突破。

三、欧盟

在全球层面，欧盟在反恐领域支持多边主义，积极参与联合国框架下的反恐行动，为阿富汗、伊拉克、叙利亚等热点地区国家战后重建和人道主义救援提供了大量资金。2020年6月，欧盟宣布加强同西巴尔干、中东、北非等关键地区国家以及国际组织的对话合作，聚焦去极端化，阻止恐怖分子借助互联网和新技术传播极端信息，开展反洗钱行动，试图从根源上阻断恐怖主义的渗透。在欧盟层面，欧盟制定了"阻止、保护、追踪、应对"反恐政策四大支柱，涵盖预防、打击等反恐全链条，在反洗钱、入境检查、情报分享等领域进行密切合作。2020年公布的《欧盟安全联盟战略2020—2025》提出综合安全的概念，注重部门和机构之间、成员国之间的协调，并将打击恐怖主义作为重点。

针对网络恐怖主义的兴起和利用互联网及社交媒体传播极端思想的问题，2019年4月欧洲议会通过了《关于解决在线传播恐怖主义内容的规则》，打击出于恐怖主义目的而滥用互联网托管服务的行为。法案规定，有资质的欧盟机构可以要求在整个欧盟范围内删除互联网恐怖主义信息。欧盟理事会于2019年5月17日分别通过了《针对威胁欧洲联盟或其成员国的网络攻击采取限制性措施的条例》和《针对威胁欧洲联盟或其成员国的网络攻击采取限制性措施的决定》。这些规定为欧盟打击网络恐怖主义提供了法律规范，成为欧盟应对网络恐怖主义及其言论的重要法律文件。在成员国层面，多数国家制定了反恐战略，出台去极端化措施。法国、比利时、奥地利、丹麦等国禁止在公众场合蒙面。在社区层面，荷兰阿姆斯特丹等地通过增加就业机会、社区矫正等措施，努力遏制恐怖主义和极端思想传播。

四、海湾阿拉伯国家合作委员会

海湾阿拉伯国家合作委员会（以下简称海合会）成立之初，其目的便是提高防御力量，集体应对外来威胁，维护海湾地区的稳定与发展。而由于面临伊朗霍梅尼革命后大力输出伊斯兰革命的威胁，以及两伊战争爆发的困境，"军事上联合自强，加强海湾地区集体防御和军事一体化是每届首脑会议的主要议题"。

进入21世纪以来，恐怖主义暴力活动在全球爆发已久，造成世界许多地区的混乱和动荡，海合会成员国自身亦深受恐怖主义的威胁。经过三十多年的发展，海合会的反恐机制日臻成熟，趋于完善，大致包括：认同协调、加强军事防务以及与他国联合反恐军演、通过签订公约或组建专门机构实现合作、经济防务与协同制裁等功能。

第一，认同协调。海合会的机构主要分为三大部分：最高委员会、部长理事会和总秘书处。最高委员会为海合会最高决策机构，由各成员国元首组成，主席按各国国名的阿拉伯语首字母顺序，由各国元首轮流担任，任期一年。海合会的权力配置呈"金字塔"式集权结构，最高委员会授权部长理事会和总秘书处，其属下的众多专门委员会负责各项具体工作。《海合会基本章程》第九条第二款规定："海合会最高委员会在表决实质性问题时，需经各成员国一致同意；在表决程序性问题时，需要多数成员国同意。"在反恐问题方面，还是由海合会主要机构内部达成反恐共识，协调成员国之间的反恐行动。认同协调这一功能在"9·

11"事件后显著增强，主要表现在达成恐怖主义定义共识、界定恐怖组织，以及加强情报交流和设立反恐机构等方面。

第二，加强军事防务以及与他国联合反恐军演。2000年第二十一届首脑会议上，各国决定在沙特东北部建立"半岛之盾"永久性军营。具体内容包括：制定集体防务战略，建立海合会武装力量，统一采购武器和建立武器装备体制，统一军事训练，建立海湾军火工业，建立以沙特的空中预警指挥系统为基础的防空情报网；在军事上、财政上支持阿曼和巴林加强国防；对外宣称共同防卫，并积极探索合作方式和途径。这些政策和措施的实施使海合会的安全防务战略逐渐成型。2002年10月，海合会宣告成立"海合会联合防御委员会"，这标志着成员国间的军事合作步入新阶段。"半岛之盾"永久性军营建立之后，海合会六国围绕提高军事合作能力，进行了多次军事演练。另外，海合会还积极参与上海合作组织、东盟等地区与次区域国际组织层面上的国际反恐合作，在联合军演、情报共享、边境管控等方面发挥地区组织在安全合作领域中的作用。

第三，通过签订公约或组建专门机构实现合作。海合会首次将反恐行动提上日程是在1990年。当时，海合会召开了一次专门会议，讨论如何应对本地区恐怖主义威胁。这次会议上提出，要加强海合会成员国情报机构之间的相互联系，密切合作，加强安保措施。1996年11月，海合会发表联合公报，表明打击恐怖主义活动的决心。2001年的海合会内政大臣会议通过了《反对恐怖活动统一战略》。2004年5月的海合会内政大臣会议上又签署了《共同反恐协定》，该协定成为海合会实施反恐行动的有效机制，海合会专门反恐机构也在此次会议上成立，加大了反恐力度。2005年，海合会成员国巴林启动建立联合反恐中心，以防止巴林遭受恐怖袭击为使命。该中心的职责是负责与其他国家、地区和国际机构交换反恐信息和操作技能，定期与政府部门和机构分享相关信息，更新应急计划，确定培训和演习场地，确保国家有应对每一级恐怖威胁的装备，建立和组织与内政部门的联络点。巴林内政大臣呼吁，每个海合会成员国都应建立自己的联合反恐中心。2012年，《海合会安全条约》达成。该条约涉及打击跨国犯罪、交换情报、反偷渡等非传统安全领域，特别是在应对恐怖活动方面。

第四，经济防务与协同制裁。"9·11"事件之后，海合会反恐机制日臻完善。2003年10月，海合会内政大臣会议声明：恐怖行为违背所有的宗教信条、人类伦理道德以及价值观念。与会大臣坚决支持一切反恐国际合作和行动，支持切断恐怖主义的财政和经济来源。在当年12月份举行的海合会首脑会议上，各成员国发表声明，将采取新举措打击恐怖主义，通过修改教科书的方式，删除其中宣扬宗教极端主义或仇视基督教、犹太教的内容。2005年11月的第26次海合会内政大臣会议上，提出对跨国洗钱行为和资助恐怖活动的打击与监管，就切断恐怖分子活动资金和达成引渡协议等问题取得共识，并突出强调在打击恐怖主义问题上加强情报交流、协同打击恐怖主义。

第三节 国际反恐合作面临的挑战

尽管国际社会在反对和打击恐怖主义方面有强烈的意愿和诸多共识，并且取得了不少成绩，但其治理的困境依然明显。

一、恐怖主义认定标准问题

"恐怖主义"在法律上并没有国际统一的认定标准。除了少数全球性的恐怖组织为各国普遍认可之外，对于很多组织的认定往往很模糊，不同的政治立场决定了界定者带有不同程度的主观性甚至偏见。虽然当前已签订多个与打击恐怖主义有关的国际公约，但国际社会尚未就"恐怖主义"的概念达成共识。反对和打击恐怖主义需要合作与协调，但是目前各国根据自身国家利益、意识形态、民族宗教情感以及文化的不同而对恐怖组织和行为做有利于自身利益的认定，对同样性质的恐怖活动往往有不同的认定。个别国家动辄从自己的国家利益出发给目标国或组织贴上"恐怖主义"的标签，这也成为制约国际反恐的根本原因之一。对恐怖主义的定义不仅是一个学术问题，还是涉及各国现实中的利益需求和价值判断的问题。另外，国际社会在对待恐怖主义问题上采取的"双重标准"的问题对国际反恐也产生了极为不利的影响。例如，在巴以问题上，美国长期奉行偏袒以色列的政策，导致巴勒斯坦人民的正当权益得不到保护，由此也引起阿拉伯国家和伊斯兰世界的强烈不满，这成为中东国家此起彼伏的恐怖活动和武装冲突的背景。美国和西方国家从自身利益出发，以双重标准来看待其他国家的反恐措施。美国把恐怖分子分为对自己有利还是不利两种类型，对发生在本国的恐怖袭击事件定义为恐怖主义，而对发生在其他国家的恐怖主义事件与人权、民族和宗教相挂钩，不认同其他国家对恐怖主义的解释，这种做法实际上加剧了恐怖主义对国际社会的威胁。另外，各国对恐怖主义产生的根源、治理的方法也严重缺乏共识，导致了一系列认识和行动上的矛盾和问题。国际社会虽然能够形成一致的反对恐怖主义共识，但是难以形成全球一致的反恐行动。反恐合作的认识基础和组织基础十分脆弱，这导致难以展开有效的国际反恐合作。

二、反恐战争扩大化

打击恐怖主义本应在一定目标的指导下严格执行，任何战略在设计和执行的过程中都不能超越和偏离其目标；但是某些大国为实现其全球利益，以反恐为名推动本国利益的实现，使"反恐"成为实现国家利益的工具。例如，"9·11"事件后，美国在全球发动轰轰烈烈的反恐战争。美国的目的是采取军事手段消灭恐怖分子和通过民主化改造实现消除恐怖主义滋生的土壤。但是在耗费巨大的人力、物力和财力之后，美国反恐并未取得预期的效果，反而是带来了恐怖活动的迅速升级。在反恐战争中，美国并不是为反恐而"反恐"，而是将其建立全球霸权的战略与反恐战略相结合，致使反恐目标被严重扩大化。美国在推翻塔利班政权和阿富汗硝烟尚未散尽的情况下，就以伊拉克萨达姆政权拥有大规模杀伤性武器为名，在未经联合国授权的情况下，对一个主权国家使用武力并推翻了萨达姆政权。奥巴马上台后，逐步实施从伊拉克和阿富汗撤军的计划。但是美军2011年刚从伊拉克撤出，随即在2013年便在该国和叙利亚产生了恐怖组织"伊斯兰国"。美国的军事行动在一定程度上刺激了叙伊两国恐怖活动的升级。随着战争的进行，南亚次大陆成为恐怖势力发展的重灾区。此后，恐怖主义从南亚蔓延到中亚、西亚、非洲、欧美、东南亚地区。

三、发展中国家反恐能力薄弱

从国家层面看,发展中国家对恐怖主义预防和治理能力不足,是全球恐怖主义治理中的薄弱环节。当今世界最具破坏力的四个国际恐怖组织"伊斯兰国"、塔利班、索马里"青年党"和"博科圣地"集中活动的区域也大都在发展中国家和地区。当然并不是说只有发展中国家是国际恐怖袭击事件的受害者,事实上,近年来美国和欧洲等发达国家也连续多次发生了恐怖袭击事件。总体而言,经济发展滞后、极端思想浓厚和宗教思想保守,特别是曾经经历过战乱或民族宗教冲突的发展中国家发生恐怖袭击事件的概率要大于发达国家。在恐怖袭击事件造成的经济损失方面,政治结构单一且经济规模较小的国家受到恐怖袭击的损失一般比较大,反而是结构单一、经济规模较大的国家因恐怖活动受到的损失则较小。处于战乱和动荡地区的国家因恐怖活动造成的经济损失更大。因此,国际社会需要加大对发展中国家的关注和支持,提高其反恐能力,帮助其建立立法、执法、情报搜集、预警、应急和军事打击等方面的反恐工作机制,使其避免成为滋生国际恐怖主义的温床,是当前国际社会在应对国际恐怖主义治理问题时首先应该考虑的方面。

四、地缘因素掣肘反恐合作

就地区层面的结构性因素而言,地缘因素掣肘国际反恐合作已成为目前国际反恐陷入尴尬境地的主要原因之一。面对国际恐怖主义肆虐的局面,各国都仅仅从本国国家利益出发,提出了本国应对恐怖主义威胁的举措。各国对恐怖主义的认识和分歧增多，大国很难在国际反恐合作问题上形成合力。最近几十年在世界各地发生的宗教恐怖袭击事件大部分都与宗教冲突有关，当前世界各国应该共同努力平息各宗教之间的矛盾冲突，而不是助推宗教仇恨。例如，特朗普政府将驻以色列大使馆迁往耶路撒冷，承认以色列对格兰高地拥有主权，支持沙特的宗教极端势力等行为都极大地刺激了各宗教之间的仇恨和矛盾，这成为爆发大规模宗教冲突的根源之一。英国在 2017 年相继发生伦敦和曼彻斯特恐怖袭击后，开始重新评估其反恐战略，力图通过加强情报部分的信息共享、改善公共安全和加强立法等措施强化国内反恐不利的局面。由于各国在对待反恐问题上的动机和立场各不相同，在对待恐怖活动的态度和国际反恐合作方面的态度也各不相同。国家出于对自身主权和安全考虑，并没有足够的动力参加国际合作机制，从而导致国际机制在认同上难以达成共识，在执行上又软弱无力，效率低下，并没有形成真正深入广泛的合作。

五、遏制极端意识形态传播面临挑战

与其他犯罪活动相比，恐怖主义最大的特点在于其具有政治目的，而这种政治目的又源于其激进的意识形态。恐怖主义作为社会运动的一种极端表达形式，其产生、发展和治理的过程可以从政治环境因素和抗议群体的"意识形态"发展水平等方面进行分析。就产生和发展来看，恐怖主义的产生和发展与国际社会和特定地区的政治发展状况、经济发展水平和意识形态主流紧密相连。恐怖势力为了使其行动合法化或具有正义性，往往会注重对本组织意识形态发展水平的建构。在这个有着各种不满的世界上，宗教极端主义很容易借助民众现实的不满而扩散。宗教如果被有政治企图的人利用并走向极端，必然会引发恐怖主义，威胁国际社会的安全。宗教极端主义思想在全世界扩散，与其说是传播恐怖主义，不如说是在传播极端主义和分裂主义。而极端主义思想和分裂主义的根源则源于经济上的被剥夺和思想上的不认同感。如果仅用军事手段打击恐怖主义，而不是对持有宗教极端思想的人员进行正确的引导、规范和教育，让宗教极端思想肆意滋长，对恐怖主义的打击只能是为下一次恐怖主义事件埋下伏笔而已。因此，从实体上击溃恐怖主义组织仅仅是表面的成功，如何斩断宗教极端思想的传播和扩散才是反恐治理成功的关键。

第十章/网络安全问题

网络的发展带来信息化革命，网络在人们生活中扮演了越来越重要的角色。随着网络技术的不断迭代以及网络和人类现实生活的不断融合，网络从最初的"通信工具"逐渐演变成"网络空间"。它深刻地改变了人类社会的社会基础，人们对它的依赖度不断提高。随着网络空间的兴起，一方面人类社会进入数字化时代，大数据、人工智能、区块链等新概念给人类经济带来了强劲增长。另一方面，网络空间也带来了新型网络风险，各种非传统风险造成的危害越来越大。网络空间不同于其他的空间对象，它本身是动态变化的，它的虚拟性、开放性以及无边界等特点造就了其本身的高度复杂性，传统法律规则体系在适用于网络空间问题时争议不断。

第一节 网络安全问题概述

一、网络空间的界定及特征

从 20 世纪 90 年代中期开始，个人计算机开始进入普通家庭，互联网被广泛地应用于人们的经济生活和社会交往中，不同行业系统都建立了自己的互联网并实现了行业内部信息的网络共享和管理。基于网络空间的复杂性，国际社会对网络空间的定义内涵并无统一的共识。

（一）网络空间的界定

网络空间作为一个新兴词汇，经历了从"工具"到"空间"的演化历程，动态性是其本质特点。网络空间基于技术的迭代其内涵不断地延展。根据联合国国际电信联盟的定义，网络空间是指由以下所有或部分要素创建或组成的物理或非物理的领域，这些要素包括计算机、计算机系统、网络及其软件支持、计算机数据、内容数据、流量数据以及用户。随着计算机、网络和信息技术的快速发展，网络空间成为与陆地、海洋、天空和外太空并列的"第五空间"，也是人类活动的新疆域。网络空间具有自身的特质，如规模是无边界的；活动是多元化、立体化的；主权具有高度政治化等特征。网络空间是由互联网构建的虚拟与现实交互的空间，既有虚拟空间属性，又有全球互联属性。

从人类步入信息时代以来，网络空间的规模及其涵盖的内容呈快速增长的趋势。网络空间的延伸以互联网信息技术的发展为基础，而信息技术的发展速度以几何倍数爆炸式地递增。21世纪以来，移动技术、大数据技术、云计算、物联网等技术的进展迅猛，大大扩展了互联网的空间和形态。目前，网络空间已经成为一个全球性的空间，范围拓展到世界的各个地区。网络空间不仅是信息流通的中枢，也是现代社会各主要产业正常运作的平台。在现代社会中，部分国家的关键基础设施的指挥和控制实现了信息化和自动化，多数国家的电力、给水、石油和化工等支柱产业都由数据采集与监视控制系统操纵。运用数据采集与监视控制系统来集中管理并且指挥无人操纵的设备构成了令人担忧的脆弱性。信息社会对于网络空间的高度依赖，一方面为人们的生活提供了极大的便利；另一方面也留下了潜在的安全隐患。随着信息化的进程，由光纤、电缆和网线织成的网络越来越密集，网络终端之间的节点也越来越多。每一个节点都可能成为黑客潜在攻击的目标。网络空间的广度和覆盖面使其全面控制并渗透了信息社会，扩大了信息社会的脆弱性。一旦庞大的系统中某一个节点被攻破，就会造成跨国以及跨领域的外溢效果。

网络已经深入国家的政治、军事、经济和文化等领域，各领域对网络技术的依赖与日俱增。在信息化的社会中，信息是重要的战略性资源。网络空间作为承载和传播信息的重要载体，成为关系到国家经济发展、政治稳定和文化安全的重要的信息基础设施。网络空间的重要战略地位已经得到世界各国的高度重视。2003年2月14日，美国政府公布了世界上第一份网络安全战略《确保网络安全国家战略》。这份战略报告指出，网络空间是美国关键基础设施的中枢和控制系统，强调网络空间的健康运转对于美国经济与国家安全发挥着至关重要的作用。其他大国也纷纷将网络安全列为国家安全的核心内容。网络空间面临着网络技术带来的各种安全威胁，成为大国角力的平台。

（二）网络空间的特点

尽管网络空间的概念无法得到统一的国际共识，但是其特点却是得到学界和国际社会的共识。

1. 虚拟性

相对于现实空间，网络空间存在明显的虚拟性。在网络空间，人们以虚拟的身份和其他人交流。虚拟性的网络交往表现出非身体性和非身份性相统一的状态，有人认为这也是网络空间存在巨大安全隐患的重要原因。当然，反对的观点认为，网络空间是人们的另外一个生存空间，它并不改变人性本身。正因为网络的虚拟性，人们可以随性地表达自己的想法，这是人们对网络空间趋之若鹜的重要原因。当然，这一特点在现实中表现并不一致，一方面它与网络空间本身的发展程度有关；另一方面，这也与一国的网络立法完善程度有关。网络法制相对完善的国家，更倾向于实名认证体系；而在一些网络法制相对欠缺的国家，人们可以自由地以任何虚拟身份接入网络空间。

2. 开放性和去中心化

网络空间对每一个进入网络空间的人开放。开放性是网络能够蓬勃发展的核心要素，因为其开放性的特点，网络空间具有某些公共性，很多人把网络空间定性为公共产品。网络空间的这些特性导致了政府权力向非政府行为体扩散的趋势。网络空间去中心化特征是"多利益攸关方"治理模式的基础。

3. 全球性

基于现代通信技术的发展，信息得以瞬间传输，设备与设备构建出的连接使网络空间天然具备了国际性。网络空间成功地跨越了物理空间，"传统意义上的空间和时间限制已经改变"，因而有学者把网络空间形容为压缩社会实践和物理空间的"超空间"。也正是因为其全球性以及即时性，传统的国家边界和疆域概念受到了技术的挑战，网络空间的这种特性改变传统社会的互动方式，让人们有了新的聚集方式，产生了学者所谓的"网络空间组织体"。网络空间的全球性决定了网络空间的治理必然也是全球性的。

二、网络安全问题的出现

网络空间既包括计算机、电子设备等物质实体，也包括无形的虚拟空间。网络空间打破国家边界的藩篱，赋予了每个人平等地传播和获取信息的权利。网络空间的用户无论是谁都可以获得虚拟的身份,实现在现实世界中无法满足的价值诉求。与现实世界相比,网络空间既缺乏规则和秩序,也缺乏维持秩序的司法、警察和军事等强制机构。在无序状态下,一切现实世界的罪恶在网络空间中都找到了新的舞台,一切现实世界的冲突都在网络空间中有所表现。网络的独特性对全球安全构成了严重威胁,具体表现在以下四个方面。

第一,从网络空间的运行原理看,互联网的设计者在最初研制网络的时候,就没有考虑安全因素,这就为网络安全问题留下了隐患。随着互联网的迅速普及,全世界的计算机以同样的简单原理连接在一起。商业化进程进一步加剧了已有的安全隐患。安全设计会增加成本,延长新设备上市的时间,也可能导致系统速度变慢或者漏洞增加,因此生产商往往会选择性能而放弃安全设置。网络空间的简单设计在为人们提供前所未有的便利的同时,也增加了安全上的脆弱性,赋予了攻击者实施破坏的可能。

第二,从网络威胁的来源看,在网络安全领域出现了一系列以攻击系统为目的的行为体,按照其组织程度的不同对于网络秩序构成了不同级别的安全挑战。网络黑客可以分为无组织的独立黑客、国家招募的黑客、网络罪犯以及网络恐怖分子。黑客的网络攻击可能导致网站暂时瘫痪,也可能造成更严峻的危害。在网络黑客之中,组织性最强、破坏力最大的黑客是国家招募的黑客部队。网络犯罪包括窃取知识产权等。另外,网络一直是恐怖分子招兵买马、集资和传播意识形态的平台,许多恐怖分子都有其网络安全计划。

第三,从网络威胁的对象看,从一般民众到国家元首,从小企业到跨国公司,从国家政府、金融机构到安全部门,一切网络空间的用户都可能成为网络威胁潜在的受害者。在联网获取信息的时候，互联网的用户都面临着蠕虫、木马和恶意插件的威胁，可能直接导致计算机系统瘫痪，个人资产流失以及隐私或机密信息遇窃。美国国际战略研究中心指出，几乎所有的财富500强公司都曾遭到网络黑客的袭击。网络安全问题已经成为各国面临的迫在眉睫的安全威胁。

第四，从网络安全的军事影响上看，网络战争已经成了一种新的战争形式。在敌对双方发生冲突之前，如果能够率先通过网络战争的手段摧毁敌方的指挥系统，就可以有效地打击敌人。2010年针对伊朗核设施的"震网"病毒导致伊朗核设施的西门子系统被摧毁，标志着网络战达到了新的水平。信息技术和网络空间的迅速发展，已悄然改变了现代战争的性质。网络最直接的效用是战争手段更加先进，诸如情报系统、信息共享、扩散系统、卫星的使用、目标搜寻与火力系统的实时整合等，都运用了先进的网络通信技术。例如，1991年的海湾战争被认为是人类的第一次信息化战争。战争进程表明，强大的军事力量不再是战场获胜的唯一法宝，更重要的是要具备战场信息的主导能力。在网络化时代，战争正在以一种新的形式出现，它改变了传统的战争手段和组织方式，也对国家安全带来了新的冲击和威胁。

随着网络空间中的安全问题层出不穷，特别是在美国2013年爆发了"棱镜门"事件之后，各国对网络空间安全问题的关注空前加强。此外，借由网络散布的恐怖主义和通过网络实施的犯罪行为等问题也引发世界各国的普遍重视。网络安全成为一项重要议题进入国际安全议程，国际社会通过一系列会议，达成打击网络犯罪和网络安全治理的共识。

三、网络安全威胁的作用方式

与其他领域相比，网络空间的独特性质决定网络安全问题的特点：互联网具有极强的隐蔽性，网络攻击可以无视地缘因素和传统的国家边界，它的打击目标更广，既可能是军事目标，也可能是民用基础设施。网络空间对不同国家的威胁程度是不同的。网络攻击的性质取决于网络攻击者的动机以及当时的具体情况。对网络攻击性质进行划分具有很强的政策意义。它有助于决策者区分哪些攻击会威胁到国家安全，对攻击来源的区分也有助于国家作出恰当的应对。按照威胁的不同来源和程度，一般将网络威胁划分为黑客攻击、有组织网络犯罪、网络恐怖主义以及国家支持的网络战等几种类型。

（一）黑客攻击

黑客攻击，即黑客破解或破坏计算机程序、系统从而危及网络安全，是网络攻击中最常见的现象。其攻击手段可分为非破坏性攻击和破坏性攻击两类。前者的目标通常是为了扰乱系统的运行，并不盗窃系统资料，攻击手段包括拒绝服务攻击或信息炸弹；后者是以侵入他人计算机系统、盗窃系统保密信息、破坏目标系统的数据为目的。一般来说，黑客攻击通常也会在其他形式的网络攻击中出现。黑客发动破坏性攻击，其动机不尽相同，有的是为表达不满和抗议，有的是出于商业竞争，有的可能则仅仅出于好奇心。通常仅为了表达不满而未造成破坏性的黑客攻击，并不构成对国家安全的威胁；而那些窃取商业机密、扰乱国家政治经济秩序的黑客攻击，虽然会在不同程度上危害国家经济或社会安全，但对国家安全的威胁程度等级并不高。

(二) 有组织的网络犯罪

有组织的网络犯罪是指犯罪分子借助计算机技术，在互联网平台上进行的有组织犯罪活动。随着互联网技术和软件的广泛传播，互联网成为个人、政治和商业活动的平台以及金融、知识产权交易的重要媒介，加上网络所具有的快捷、隐蔽和超地域等特征，自然成为有组织犯罪的重要领域。与传统的有组织犯罪有所不同，有组织的网络犯罪活动既包括借助互联网而进行的传统犯罪活动，诸如洗钱、贩卖人口和贩毒等，也包括互联网所独有的犯罪行为，诸如窃取重要信息和进行金融诈骗等。网络犯罪已经成为一个全球性问题，其跨国性、高科技和隐蔽性等特征都给国家安全带来前所未有的挑战。这些威胁主要集中于非传统安全领域。

(三) 网络恐怖主义

随着互联网和信息技术的迅速发展，出现了"网络恐怖主义"的概念。网络恐怖主义不仅包括制造恐怖气氛的网络攻击，也包括借助网络实现的传统恐怖主义活动。以计算机和互联网为工具进行的恐怖主义活动，通过制造暴力和对公共设施的毁灭或破坏来制造恐怖气氛，从而达到一定的政治目的。除了将网络空间作为通信和交流的媒介之外，恐怖组织还利用网络空间进行理念宣讲、人员招募和激进培训等活动。

(四) 国家参与的网络战

国家参与的网络战对国家安全威胁的程度最高，主要涉及传统的军事安全领域。网络战的主体既包括国家行为体，也包括以不同方式参与其中的非国家行为体；它可以发生在国家行为体之间，也可以发生在国家行为体与非国家行为体之间。在网络战中，它的攻击目标可以是军事、工业或民用设施。根据网络战对国家安全的威胁程度，由高至低主要表现为直接军事威胁、间接军事威胁、网络间谍和信息战。其中，网络战对国家安全最大的威胁是对军事设施的直接打击。国家重要的民用部门也可能成为被攻击的对象，对它们的破坏可以对国家军事安全带来间接的冲击。网络间谍是国家所从事的最常见的一种网络战，网络间谍的攻击对象并不限于政府部门，军工企业、商业公司以及研究机构都有可能成为网络间谍获取情报的对象。信息战也是心理战的重要组成部分，它旨在通过信息披露来影响敌方的思想和行为。

第二节 网络空间安全的全球治理

网络空间没有地域界限，其外延可以向全球无限延伸。这种空间属性使得网络安全成为一个全球性问题。网络空间的治理主体经历了从最初的科研机构到非政府国际组织再到联合国乃至以国家为中心的多主体复合存在的转变，网络空间安全治理的模式也随之跟进。

一、网络空间安全治理模式

（一）互联网治理

最初，网络是作为信息传输的"工具"的形式出现在人类社会，互联网领域也被视作是科学研究的空间，技术主导了互联网领域内信息交互相关制度的建立，因此表现为一种技术治理模式。这是网络空间安全治理的第一阶段，被称为互联网治理。这种模式主要有以下特点。

第一，政府主导治理。政府主导治理直到现在也是网络空间治理中的争议焦点。早期的网络空间治理中，政府主导地位明确，国家往往会制定一国的网络战略，以国内法的形式来规制本国的网络行业。很多国家在网络发展之初，甚至以政策的形式来规制网络产业，或者制定一些行业规范，实行简单的管理。

第二，通过网络国内立法治理。随着网络空间对国家经济的作用越来越大，网络和国民生活日益深入契合，多数国家开始以国内立法的方式来规范网络空间，至今大约有1/3的国家都有自己的网络立法。同时，因为网络的高速发展性，各国的网络立法仍然会持续修订，以保持一致性和持续性。从国内立法来看，更多的国家主要集中在网络安全方面的立法，如打击网络犯罪问题。也有一些国家未对网络立法，国家用政策的形式规范本国的网络空间问题。

第三，治理偏重于内容层的管理和监督。网络最开始是作为信息传输的主要方式，其内容层的监管一直是国家管理的重点。通过网络发布的虚假信息、煽动信息，进而造成巨大的社会影响，是国家网络管理最为关心的稳定安全问题。因此，各国在网络管理中的一个重点就是内容层的管理。主要的方式是通过国内立法，对内容生产商等"中间机构"进行有效地监督，又或者致力于建立相关的行业规范以实现内容产品的合法化。

第四，政府推动网络空间国际合作的开展。网络空间天然的"无边界"性，让主权国家深刻认识到网络空间治理合作的重要性。各国在很早的时候，就开始尝试在网络空间的治理上进行跨国合作，尤其在安全领域的合作，是网络国际合作最早涉足的领域。美国和欧盟共同签署的《网络犯罪公约》，是国际社会关于网络犯罪合作最早的国际公约。各国在安全领域的合作基本是碎片化的局面。

随着人们生活深度嵌入网络空间，传统的国家治理对网络空间的规范也做得越来越完善，但是，由于网络空间天然无国界，传统的国家治理在网络空间的深入交融下也显得越来越吃力。一方面，网络安全等各方面问题逐渐凸显；另一方面，网络空间多边国际合作又举步维艰，单方面的国家治理对于越来越复杂的网络空间已经力不从心。绝大多数国家在网络技术上并不超前，面对网络空间的技术性，多数政府并不能像现实社会中的行政管理那样来控制网络活动。随着政府对网络治理的不断深入，政府发现其权力在网络空间中真正的伸展仍然非常有限。原因是一般的政府对网络空间的核心运转无法干预，互联网的核心资源并非掌握在各国的政府手中，而是掌握在一些技术机构的手中。例如，掌握全球网络名称和地址分配的互联网名称与数字地址分配机构是美国一家私营机构。另外，网络本身使得国家必须具备一定的技术能力才能在网络中行使"权力"，而各国的技术能力各不相同以至于控制能力不同。一些国家缺乏网络技术能力，其能够行使的网络主权也非常有限。加上网络技术演进十分迅速，网络技术的更新可能会导致政府治理手段的技术层面失效。这些因素导致许多发展中国家政府无法对网络空间进行深入管理，即使是积极开展了国际合作，也无法做到真正有效地治理。

随着网络空间化的不断演进，仅仅依靠国内法的传统治理将越发力不从心，网络空间的国际性将随着其空间化演进而不断凸显，各类新型的网络风险也将进一步呈现，传统国家治理已经不再符合时代的要求。

（二）"多利益攸关方"治理

随着互联网的运用和普及，网络空间成为线下现实和线上虚拟结合且互动的空间，互联网的开放、透明构建起互通互联的全球性公共区域。互联网的应用突破了科学研究领域，与政治、经济和文化密切相关，涉及多元主体。这包括政府、商业团体和公民社会等，网络空间安全治理进入第二阶段，即"多利益攸关方"治理。"多利益攸关方"治理是在2001年的信息社会世界峰会上出现的。这种治理模式的支持者认为，在网络空间中，还应当有一个由其他集体组成的多元中心体系，其独立于以国家为中心的国际秩序之外，并且与之发生博弈。2014年，全球互联网治理大会发布的《全球互联网多利益攸关方圣保罗声明》中提出，互联网治理必须确保所有利益相关方参与进来。政府和市场以及非政府组织应当"共同应对"治理问题，应当区分各自的职能，共同参与国际规则的制定。基于西方各发达国家的大力拥护，该模式随后得到了联合国56/183号决议的确认。这种体制的本质是要打破以国家为中心的传统体系，强调所有利益攸关方的平等共同参与、共同合作，排除政府的主导权。

从实质上看，就网络空间的技术格局和实力而言，国际社会对此模式的肯定很大程度上是出于被动无奈。原因是网络空间的技术核心掌握在西方国家，乃至技术团体手中，寄望于谈判使其让渡自己已有的网络权力并不现实。国际电信联盟作为联合国下属的主要治理机构，它曾经多次尝试推动互联网关键资源的国际化，试图接管技术社群手中的互联网关键资源和标准制定权，但是都难以取得实质性进展。实际上，美国以其互联网技术的优势掌控着域名与地址系统的管理，如互联网名称与数字地址分配机构。美国通过技术阻止其他国家获得网络空间的管辖权，影响着互联网利益攸关方的行动。在该阶段，美国在网络空间的霸权主义受到了越来越多国家的质疑。全球范围内网络空间安全问题不断凸显，国际社会逐渐达成一种网络空间需要更强有力规则的共识。网络空间"多利益攸关方"治理模式存在着较大局限性。

（三）以联合国为主导的政府间国际组织治理模式

发展中国家虽然在互联网技术方面处于下风，但在互联网技术的应用方面后来居上，积极推动通过联合国主导全球网络空间安全治理。至此，网络空间安全治理进入以联合国为主导的政府间国际组织治理模式的第三阶段。这一阶段的开启，是以2003年举行的联合国信息世界峰会为标志的。这次峰会是由国际电信联盟全权代表大会于1998年所倡议的，峰会分为日内瓦会议和突尼斯会议两个阶段，达成了网络空间安全治理需要进一步推进国际合作的共识，召集了互联网治理论坛，为发展中国家阐述立场与观点提供了有效的国际渠道。然而，由于发达国家的不支持，在具体的网络空间治理问题上没有形成明确的解决方案。这次峰会虽然没有改变网络空间安全的既有治理模式，但冲击了美国在网络空间的霸主垄断地位。近年来，随着金砖国家互联网技术的发展，其强调网络空间的主权概念、坚持以政府为主导的国家中心治理模式、网络空间安全的全球治理模式进入到一个新阶段。网络空间安全治理的"主权化"和"国家中心"逐渐进入网络领域政治主流话语体系中。

二、网络空间治理的国际规范之争

网络空间的出现与空域的发展轨迹相似，也是科技进步的结果。它正逐步由信息层面进入国家安全领域。与网络安全相关的政策议题已经给国际关系带来显著的影响。解决问题的一个有效办法就是通过国家间的讨论，最终建立国际规范并实施有效的措施。

全球网络空间规则的制定仍然处于规范制定的初始阶段，全球规则的推动者主要是各国政府、企业和非政府组织。制度平台包括联合国、欧盟等一些国际组织。其中，联合国是全球规范谈判和讨价还价的最重要平台。联合国框架下的国际电信联盟一直在积极推动达成一项网络空间治理的国际条约。2010年2月，国际电信联盟主席呼吁各成员国在网络战真的来临之前，加紧推动网络空间安全国际条约的谈判。同年7月，联合国制定了一项旨在削减计算机网络风险的条约草案，包括美国、中国和俄罗斯等在内的15个会员国签署了该项协议。协议建议由联合国起草一份网络空间的行为准则，会员国间交换彼此网络空间立法和安全战略的信息，强化不发达国家计算机系统保护的能力。

但是，由于大国在条约的性质和实施上存有不同意见，该条约的谈判进程十分缓慢。网络空间的国家间博弈主要体现为中俄与美欧两种治理模式和治理理念的较量。在网络战层面，美国主张将联合国人道主义法适用于网络空间。网络战虽然也可以看作是一种类型的武装冲突，但二者有很大差别。例如，网络攻击何时和如何被界定为战争行为，如何区分军用和民用设施，网络空间中军用和民用设施的界限并不清晰，网络既可能是民用的也可能是军用的，如果将该国际法应用到网络空间，将难以实施。中国和俄罗斯则反对将人道主义法适用于网络空间冲突，认为这将导致网络空间的军事化。俄罗斯希望通过国际条约防止新一轮的军备竞赛，将网络空间作为一个攻击来源，像对待大规模杀伤性武器那样进行限制和监管。但美国却不支持单独设立一个限制网络战的机构，认为缔结一个专门的国际条约没有意义，因为很难去判断每一起网络攻击的动机属性是个人行为还是国家行为。美国认为更有效的办法是国家间有效地合作和建立国际法。作为在网络空间占有绝对优势的大国，美国考虑更多的是不要限制自己的网络技术优势，而不是如何避免遭受网络攻击。相比之下，欧盟推动网络空间治理谈判的态度相对积极。欧盟的内忧外患导致其经济长期低迷、一体化进程停滞不前，随着中国和印度等新兴力量的崛起，欧盟感受到越来越大的外部竞争压力。在网络安全领域，欧盟支持在全球范围内展开谈判，将其潜在的不安全因素纳入全球谈判框架中。虽然在制定国际条约方面并无进展，但它提出的全球网络空间治理的议程，开启了国际对话与合作的进程。通过大力推动全球谈判，欧盟希望能够在未来的全球网络空间治理中发挥主导作用。

截至目前，国际社会在网络空间治理方面还没有一项专门的国际法规范，只有一个《网络犯罪公约》可以援引。《网络犯罪公约》是2001年11月由美欧等30个国家的政府官员在布达佩斯签署的国际公约，是一部针对网络犯罪行为的国际公约。由于它主要涉及网络犯罪问题上国家间法律与合作的协调，不足以应对网络空间的诸多威胁和挑战。

考虑到网络空间的特殊性、网络安全的敏感性以及大国之间立场的差异，这一议题要想继续向前推进目前还面临诸多问题。首先，从技术上讲，网络安全领域的国际谈判还缺少必要的共同语言和基础，许多关键术语的定义尚未统一，而网络攻击的难以追踪也使得对战争对手的界定十分困难。其次，网络空间治理涵盖面很广，不仅涉及国家行为体，更涉及个人、团体等非国家行为体，进行统筹安排并非易事。再次，网络空间治理涉及前沿信息技术，各国在该领域的研究大多处于保密状态，国家之间的技术合作和共享恐怕十分有限。最后，虽然该项议题对于享有国际政治经济优势的大国十分重要和迫切，但是对很多信息技术相对落后的不发达国家来说，发展问题恐怕要远比网络安全更加重要。从趋势上判断，如果没有重大网络突发事件出现，全球网络安全规则的谈判过程注定艰难而漫长。

第三节　全球网络空间安全治理困境

各国都认识到网络空间安全问题需要以全球治理的方式加以应对，多边主义是应对全球性挑战和维护各国自身利益的重要渠道。然而，新兴的发展中国家与传统的发达国家在国家利益上的激烈较量，共同治理的意愿减弱，各国都将合作的意愿转向地区领域。国际社会的合作呈现出集团化、地区化的特点，寻求一种多元共治的全球治理模式面临严峻挑战。

一、网络空间治理与国家主权

网络空间类似于海洋、外层空间、极地等全球性的公共区域，成为人类活动的"第五大空间"，需要更多国际条约或者多边协定来规范。但是与一般意义上的全球性公共区域不同，网络空间构成所仰赖的信息基础设施受国家的管辖，国际社会对网络空间与国家主权的关系存在着较大的争议。在网络空间发展的初期，网络空间与国家主权之间的冲突并不明显。随着20世纪末互联网技术大规模的商业化应用之后，虚拟世界与现实世界紧密联系，国家对网络的管控力度不断加强。特别是在伊拉克战争期间，美国切断伊拉克的互联网，引起了国际社会的警惕和担忧。

各国为制衡美国在网络空间的单边霸权，主张以联合国为平台构建一种网络空间的国家间治理模式，联合国的"互联网治理世界峰会"应运而生。至此，网络空间与国家主权之间的联系日趋紧密。

迄今，网络发展中国家和发达国家在网络空间主权问题上仍然存在着比较大的分歧。网络发达国家凭借着技术和资源的优势，主张网络空间属于全球公域并适用现有国际法，应由"多利益攸关方"共同治理，排斥国家对网络空间的管辖，不认同网络空间国家主权的概念。这一主张遭到了广大发展中国家的反对，特别是在2013年"棱镜门"事件之后，网络空间与国家主权之间的关系的争论更加激烈。发展中国家大都强调互联网具有主权属性，在一国范围内的网络实体和个人应当遵守所在国的法律并接受监管。一些西方国家不断要求发展中国家开放互联网空间，实际上是为渗透和颠覆制造机会。网络空间关系到国家的信息主权和文化主权，关系到意识形态安全和政权的稳定。因此，新兴国家和发展中国家强调网络空间治理的一个重要前提是尊重国家主权。

二、网络空间治理与全球公平

美国在网络空间中拥有绝对的优势，而网络空间治理需要更大范围地参与。全球公平问题是发达国家与发展中国家争论的焦点问题之一。这一点在互联网名称与数字地址分配机构改革问题上尤其明显。互联网名称与数字地址分配机构建立后一直由美国商务部直接管理，许多国家要求将互联网名称与数字地址分配机构交由联合国托管，而美国反对联合国主导全球网络空间治理。伊朗和巴西等发展中国家在此问题上的意见非常强烈。欧盟也反对美国对互联网名称与数字地址分配机构的垄断，中国倾向于支持国际电信联盟和互联网治理论坛，美国则青睐互联网名称与数字地址分配机构。虽然目前美国商务部已宣布放弃对互联网名称与数字地址分配机构的管理权，将之移交给多利益攸关方，但是实际上该机构依然由美国人主导。显然互联网治理的网络空间的全球共治需要在代表性和公平性上有所突破，各种治理机制应给予发展中国家更多的发言权。

三、网络空间治理主体之间的博弈

网络空间安全的治理需要多元主体的交互参与，这与不同主体的网络行为直接相关，也存在着主权国家和非国家行为体在不同层面上的博弈。以美国为代表的发达国家掌握着互联网技术优势，社会组织发展程度高，网络空间的治理更多依托企业、行业协会、智库等，主张网络空间的治理主体应该由非政府组织、跨国公司等构成，政府只是扮演协调者的角色。网络空间安全治理更多的是经济问题和技术问题，主张发挥多利益攸关方特别是企业和社会在网络空间安全治理中的作用，限制政府的直接管制作用，如美国的微软、谷歌等互联网巨头参与网络空间安全问题的治理。发展中国家属于互联网技术的下游使用者，主张尊重网络空间主权，强调政府及政府间国际组织在网络空间安全治理中发挥主导作用，其他主体共同发挥作用，强调多边合作。网络空间安全治理是政治问题和社会问题，双方在理念上存在着明显差异。随着网络空间安全治理的深化与推进，两种理念在博弈的过程中日趋融合，多元主体合作治理成为共识。

第十一章/气候安全与全球气候治理

气候变化对人类生存构成了巨大威胁与挑战，不仅成为全球共同关心的热点问题，而且已经上升到关乎人类生存与发展的核心问题。当前地球正以前所未有的速度升温，全球碳排放量已经超出现有生态系统的碳汇能力。从自然角度看，气候变化导致了干旱、海平面上升、飓风灾害以及极端气候事件频发，将对自然生态系统和物种分布造成严重威胁。由于气候变化，很多生态系统正处于不断退化之中，功能也在不断丧失。如果全球平均温度比1980—1999年上升1.5℃—2.5℃，则全球20%—30%的动植物物种的灭绝风险将增加，非洲热带雨林存在消失的风险，太平洋岛国也面临海平面上升的严重威胁。从社会角度看，气候变化将会带来严重的经济、社会和政治后果。温度升高和降水量减少将导致经济增长速度放缓，平均气温升高4℃将导致1%—5%的国内生产总值损失，局部地区将更严重。气候变化已经造成了气候移民的出现，生态系统的破坏导致长期移民，自然灾害则产生大量短期移民，而气候变化也造成越来越多的人被迫进行季节性迁徙。如果不迅速采取行动，2050年干旱、飓风和洪水等自然灾害可能导致全球2亿人逃离家园。气候变化引起的能源危机、粮食危机、地缘危机等全球问题愈演愈烈，由此造成的人员及经济损失连年增加。全球变暖的严重后果也引起科学界和国际社会的高度重视，气候变化从普通科学问题变成全球政治安全的核心议程，气候治理也成为全球治理的重要组成部分。

第一节　联合国框架下的全球气候治理

全球气候治理是全球生态与环境治理的重要组成部分，主要是指围绕着各种气候条约所确立的国际规则，各缔约方和国际组织为应对全球气候变化危机，在联合国主导的多边行动框架下，通过采取减缓、适应、提供资金和技术等措施，实现人类可持续发展目标的国际合作。20世纪70年代末以来，由温室气体排放而导致的全球变暖问题逐渐引起了国际社会的广泛关注，在人类对全球气候变化的认知逐渐深化的同时，国际社会也逐步开展了对气候治理道路的艰辛探索。从1988年联合国环境规划署与世界气象组织共同推动建立联合国政府间气候变化专门委员会，到1992年《联合国气候变化框架公约》的诞生，再到1997年《京都议定书》的通过，直至2007年"巴厘路线图"以及2010年《坎昆协议》的描绘，全球气候成为与国家利益、国际安全以及人类社会可持续发展密切相关的全球性政治议题。

一、《联合国气候变化框架公约》

气候变化从科学问题演化为政治问题经历了漫长的科学知识积累与论证过程。20世纪70—80年代是对全球气候变化的科学认知阶段。从20世纪70—80年代开始，国际社会开始对全球气候变化采取实际行动。1988年12月，联合国大会作出决议，授权成立联合国政府间气候变化专门委员会，对科学知识的发展和全球变暖的潜在影响进行全面深入的评估，以便国际社会制定一个现实的气候变化反应战略。1990年11月，联合国政府间气候变化专门委员会发布了其成立后的第一次气候变化评估报告，确认了人类正面临着气候变化的威胁。同年12月，联合国大会通过决议，成立了气候变化框架公约政府间谈判委员会，正式开启了公约谈判的进程。1992年6月，联合国环境与发展大会在巴西里约热内卢举行，发布了全球可持续发展战略文件《21世纪议程》和防范全球气候变暖的《联合国气候变化框架公约》。1994年3月，《联合国气候变化框架公约》以166个国家的签字批准而获生效，成为人类历史上第一个旨在全面控制温室气体排放以应对气候变暖危机影响的国际公约。根据《联合国气候变化框架公约》规定，将每年召开一次缔约方部长级会议，以敦促公约的执行情况并商议具体的全球减缓气候变化安排。

在应对气候变化的国际行动上，《联合国气候变化框架公约》强调承认气候变化的全球性，要求所有国家根据其"共同但有区别的责任"原则和各自的能力及其社会和经济条件，尽可能开展最广泛的合作，并参与有效的和适当的国际应对行动。这一"共同但有区别的责任"原则，为日后气候治理实践提供了重要的基础和框架。《联合国气候变化框架公约》是国际社会为应对气候变化取得的一项重要成果，它构建了气候国际体制和多边合作的基础，已成为迄今参与国家最多、影响最广、国际社会关注程度最高的国际环境公约之一。在其生效并执行后，气候变化问题正式进入了国际环境政治议程的运行轨道，标志着应对气候变化全球政治共识的初步形成，对未来的气候谈判以及《京都议定书》的诞生都产生了十分深远的影响。

二、《京都议定书》

1997年12月,《联合国气候变化框架公约》第三次缔约方大会在日本京都举行,149个国家和地区的代表参加了会议,经过反复协商和妥协,大会最终通过了一份旨在对《联合国气候变化框架公约》中已设定的发达国家降低温室气体排放目标作出量化安排的《京都议定书》,这是《联合国气候变化框架公约》生效以来国际气候治理实践取得的最重要成果。

《京都议定书》不仅实现了首次以法律文件的形式限定附件一国家的温室气体排放额,而且为实现应对全球变暖的有效性,考虑了发达国家的减排成本,设计了弹性机制,标志着国际气候谈判进入了实质性阶段。在《京都议定书》终获通过之后,全球气候治理的当务之急就是尽快推动其生效与实施,而这期间的国际气候谈判过程漫长而曲折。由于该议定书只是框架性的规定,在如何落实《京都议定书》的具体措施以切实履行发达国家的承诺、如何解决气候变化问题上,各国的矛盾很大,形成了立场不同的两大阵营——发达国家和发展中国家,三大国家集团——欧盟、"伞形集团"(美国、日本、加拿大、澳大利亚、新西兰、俄罗斯)、"七十七国集团+中国"。两大阵营、三大国家集团围绕《京都议定书》的谈判这一问题展开了一场前所未有的关于全球环境保护的大较量。因此,在京都会议之后,截至2005年2月,国际社会又举行了七次缔约方大会。在此期间,各方代表主要围绕《京都议定书》中各项机制的具体实施细则以及发展中国家的参与问题展开激烈的讨论,最终在2005年2月谈判各方达成妥协,促成《京都议定书》的正式生效,为国际环境议程开辟了以约束性的国际法律文件应对全球性环境问题的新时代。

《京都议定书》的主要内容包括：设定了各缔约方量化限制和减少排放的目标、政策措施、计算方法、履行减排义务的三种灵活方式、减排信息的通报与审查、资金机制、遵约机制以及以《联合国气候变化框架公约》缔约方会议作为本议定书缔约方会议的相关规定等。其核心内容是为发达国家缔约方明确了第一减排承诺期的排放目标与时间表。《京都议定书》作为《联合国气候变化框架公约》的续订协议，其目的在于为实现《联合国气候变化框架公约》所确立的应对气候变化最终目标而作出具体的行动安排，并根据"共同但有区别的责任"原则，设定与各缔约方相适应的减排目标。

如果说《联合国气候变化框架公约》是全世界第一个在气候变化问题上国际合作的框架性多边条约，那么《京都议定书》就堪称全人类第一个以条约形式要求承担保护地球气候系统义务的执行性文件。《京都议定书》作为《联合国气候变化框架公约》重要的后续文件，为《联合国气候变化框架公约》所确立的"共同但有区别的责任"等原则的具体落实开辟了有法可依、有规可循的实践渠道，是人类通过有约束力的国际法途径解决全球性问题的重要尝试。

三、"后京都时代"的气候谈判

由于《京都议定书》中约定的减排目标执行年限仅到2012年，因此为尽早达成2012年以后的国际气候协定，国际社会于2005年11月，在加拿大的蒙特利尔召开了《联合国气候变化框架公约》第十一次缔约方大会暨《京都议定书》第一次缔约方大会。大会通过了《京都议定书》的运作规则，为其实际运行提供了法律保障，同时还确定了在"双轨制"的框架下，启动

"后京都时代"的气候谈判。所谓"双轨制"是指在《京都议定书》下设立特别工作小组，谈判发达国家在第二承诺期的减排义务；同时为了让美国、澳大利亚等非缔约方参与谈判过程，国际社会决定采取应对气候变化的长期合作行动，并启动了为期两年的对话。

2007年12月，在印度尼西亚巴厘岛召开了联合国气候变化大会，这也是《联合国气候变化框架公约》第十三次缔约方大会暨《京都议定书》第三次缔约方大会。会议最终通过了"巴厘路线图"，明确了未来几年里国际气候谈判的关键主题和议程，为人类应对气候变化指引了方向。纵观整个"巴厘路线图"进程，最大的成果在于美国重新以积极的姿态回归应对气候变化的主流进程，以及发展中国家采取实质性行动的积极性得到激发，国际社会对应对气候变化问题的重要性的认识得到前所未有的提高，在很多国家中应对气候变化问题都被主流社会所认识，并开始开展务实的行动。

2009年12月，联合国哥本哈根世界气候大会在众人期盼中如期举行，这是已拉开序幕的后京都气候议程中的一次重要会议。会议通过了不具法律效力的《哥本哈根协议》，虽然没有达到预期目标，但是各方代表为解决彼此间的分歧作出了不懈的努力，维护了"双轨制"的谈判框架，坚持了"共同但有区别的责任"原则，广泛地将各国纳入应对气候变化的行动中。此外，根据联合国政府间气候变化专门委员会第四次评估报告，全球排放在未来10—15年中将达到峰值，在2050年将会下降为2000年排放水平的1/2。根据这个新目标，"后京都时代"阶段的谈判在继续为发达国家设定有约束力的减排指标、国际资金机制、技术转让、适应气候变化几个主题的谈判外，发达国家新增了要求有能力的发展中国家承担减排责任的议题。

2010年12月，在墨西哥的坎昆召开了《联合国气候变化框架公约》第十六次缔约方大会，参会各方相互妥协，在会议最后通过了《坎昆协议》，取得了宝贵的成绩。坎昆会议之后，各方还就《巴厘行动计划》最终成果的法律形式进行了进一步的探讨。从2011—2015年，全球气候治理进入"德班平台"进程阶段，旨在讨论如何加强2020年后应对气候变化的国际合作。

2014年10月，欧盟在欧盟峰会上确立了具有约束力的减排计划——到2030年将温室气体排放量在1990年的基础上减少40%。欧盟目前已经成为防止气候变暖集体行动的领导者，并且主动承担了许多集体产品。在美国退出《京都议定书》的情况下，欧盟积极推进国际气候进程。如果没有欧盟的积极推动和领导作用，防止气候变暖集体行动可能早已失败。2014年11月，中美两国领导人在北京发表了《中美气候变化联合声明》，中美两国元首宣布了两国在2020年后应对气候变化将采取的行动。这个历史性的协议从根本上改变了在气候变化问题上的全球政治，为在巴黎达成协议扫除了障碍，为2015年全球气候变化谈判注入了新的乐观情绪。

从《联合国气候变化框架公约》到《京都议定书》，表明已经初步形成全球气候治理的制度框架和行动路线图。2009年哥本哈根气候大会之后，全球气候治理模式出现了一系列超越多边主义的新特点，如治理主体的多元化，治理结构的多层次、多极化，议题的分散化、碎片化等。全球气候治理朝向更实质性、参与更广泛、更具深度的方向发展，不仅决定着国际气候进程的走向，也深刻地影响着全球经济和政治格局的演变。在全球气候、环境问题压力不断增大的背景下，全球气候治理的制度化趋势已不可逆转。为增强国际气候治理的危机应对效力，对国际气候制度规则的制定必将趋于严格，未来的难点在于如何将全球气候治理的机制化运作落实到行动上。

四、全球气候治理进程中的《巴黎协定》

2015年11月，第二十一届联合国气候变化大会（以下简称巴黎气候大会）在巴黎召开。这一应对气候变化的重要节点，将在一定程度上决定人类共同的未来。历经13天马拉松式的艰苦谈判之后，巴黎当地时间12月12日，随着法国外交部长、巴黎气候大会主席法比尤斯的一锤定音，《联合国气候变化框架公约》195个缔约方一致同意通过《巴黎协定》。《巴黎协定》共有29项具体条款，包含减缓、适应、损失和损害、资金、能力建设和透明度等要素。《巴黎协定》体现了"公平、正义、全面、平衡"的原则，为开启全球绿色和低碳发展的新征程提供了法律基础。其核心内容包括每五年盘点一次的不断加强的"行动力度"；保证实现气候承诺的加强透明度；帮助发展中国家的气候资金；帮助世界最受气候变化影响人群的适应。

《巴黎协定》的主要内容包括：从环境保护与治理上来看，《巴黎协定》的最大贡献在于明确了全球共同追求的"硬指标"。《巴黎协定》指出，各方将加强对气候变化威胁的全球应对，把全球平均气温较工业化前水平升高控制在2℃之内，并为把升温控制在1.5℃之内努力。只有全球尽快实现温室气体排放达到峰值，21世纪下半叶实现温室气体净零排放，才能降低气候变化给地球带来的生态风险以及给人类带来的生存危机。从人类发展的角度看，《巴黎协定》将世界所有国家都纳入了呵护地球生态确保人类发展的命运共同体当中。该协定涉及的各项内容摒弃了"零和博弈"的狭隘思维，体现出与会各方多一点共享、多一点担当，实现互惠共赢的强烈愿望。《巴黎协定》在联合国气候变化框架下,在《京都议定书》和"巴厘路线图"等一系列成果基础上,按照"共同但有区别的责任"原则、公平原则和各自能力原则,进一步加强《联合国气候变化框架公约》的全面、有效和持续实施。从经济视角审视,《巴黎协定》同样具有实际意义:首先,推动各方以"自主贡献"的方式参与全球应对气候变化行动,积极向绿色可持续的增长方式转型,避免过去几十年严重依赖石化产品的增长模式继续对自然生态系统构成威胁。其次,促进发达国家继续带头减排并加强对发展中国家提供财力支持,在技术周期的不同阶段强化技术发展和技术转让的合作行为,帮助后者减缓和适应气候变化。最后,通过市场和非市场双重手段,进行国际合作,通过适宜的减缓、顺应、融资、技术转让和能力建设等方式,推动所有缔约方共同履行减排贡献。此外,根据《巴黎协定》的内在逻辑,在资本市场上,全球投资偏好未来将进一步向绿色能源、低碳经济、环境治理等领域倾斜。

《巴黎协定》是一份全面、有平衡、有力度、有法律效力的协议,在照顾各方核心关切的基础上实现了现阶段最大可能的力度,体现了减缓和适应相平衡、行动和支持相匹配、责任和义务相符合、力度雄心和发展空间相协调、2020年前提高力度与2020年后加强行动相衔接等特征。《巴黎协定》是继1997年制定的《京都议定书》之后,全球气候治理领域又一实质性文件,是全球应对气候变化的关键一步,对2020年后全球应对气候变化行动作出安排。《巴黎协定》内容丰富,虽有不足但亮点颇多,发出了全世界向低碳发展转型的清晰信号。《巴黎协定》获得通过后,于2016年4月提交联合国最终签署,并在占全球碳排放55%以上的55个国家提交批准文件后正式生效。

综上所述,全球气候变化问题随着全球化的深入而不断显现,气候变化与人类面临的其他环境问题极为不同,由于大气具有"全球公共产品"的属性，容易过度使用并缺乏规范。气候变化已经成为非传统安全领域中的重大威胁，是人类在21世纪必须应对的最大挑战，因此国际社会加强气候治理十分迫切。随着世界各个国家对气候问题的认识逐渐深化，以联合国为核心的国际社会开启了全球气候治理进程。

第二节　全球气候治理面临的挑战

在联合国的主导下，国际社会开始了构建全球性气候制度的过程。在过去20多年的时间里，全球气候治理形成了一个包括联合国框架下的全球多边气候制度、区域性的制度安排、国家层面的法律法规和条例，以及非政府组织和地方层面等范围不同、层次多样、行为体多元、模式各异的气候制度体系。联合国框架下的全球多边气候制度是全球气候制度的最重要构成，其中联合国主导的国际气候谈判制度及其成果则是全球气候制度的核心。在联合国框架下，政府间气候变化专门委员会、环境非政府组织，以及联合国的相关机构，如联合国贸易和发展会议、联合国开发计划署、联合国环境规划署、世界气象组织、联合国工业发展组织、全球环境基金、世界银行等，均对国际气候合作制度的建立、运转发挥了重要的作用。然而，大量国际气候制度的诞生却没能阻止全球气候的持续恶化，气候问题变得更加严重和紧迫，质疑着全球气候机制的有效性。

一、气候问题的政治化

气候变化是一个典型的全球性问题，全球性问题需要通过全球性思维和手段来解决，需要包括国家在内的各行为体以全球主义、世界整体意识和人类命运共同体理念为指导。然而，现代国际体系的核心是民族国家，民族国家是世界体系中的基本法律单元和政治单元，也是国际关系中的核心行为体。在民族国家体系中，国家利益成为指导国家对外关系的基本原则，国家间交往也基本上围绕国家利益而展开。作为各国政府行为的首要准则的民族意识与国家责任，必然与气候变化问题所要求的全球意识与世界责任之间存在难以克服的矛盾。在全球气候治理中，主权民族国家无疑是最主要的治理主体。狭隘的国家利益观严重阻碍着国际气候合作。

第一，气候利益集团增加了国际气候协调与合作的难度。自20世纪90年代国际气候谈判进程启动以来，其基本格局是发达国家阵营和发展中国家阵营的对立。但在"后京都时代"谈判中，南北阵营对立的基本格局发生了变化，发达国家和发展中国家阵营内部因利益差异均出现分化。2007年巴厘岛会议后，发达国家阵营中形成了欧盟与由美国、日本、澳大利亚等发达国家和地区组成的"伞形集团"的对立。而2009年哥本哈根会议后，发展中国家阵营内部的分化也清楚显现，出现了由中国、印度、巴西和南非四个新兴经济体构成的"基础四国"、小岛屿国家联盟、石油输出国组织、雨林联盟、最不发达国家等不同集团。不断衍生的气候利益集团导致气候谈判形势更加错综复杂，协调与合作难度增大。

第二，减排和资金问题阻碍着国际气候谈判，有效的国际气候协议进展艰难。在为减缓气候变化而进行的减排协议谈判中，发达国家与发展中国家之间在全球气候治理的资金、责任与成本分担的依据问题已成为每一次国际气候与可持续发展谈判的中心议题，双方在此方面的分歧，成为达成有效气候协议的重大阻力，致使国际气候谈判进展缓慢，有效气候减排协议难以达成。即便是艰难达成的协议，履行中也面临重重阻力。1997年通过了限制发达国家2008—2012年温室气体排放的《京都议定书》，虽然四年后即2001年通过了执行《京都议定书》的一揽子协议，即《马拉喀什协定》，但由于世界温室气体的最大排放国美国的退出，以及俄罗斯等大国的犹豫不决，《京都议定书》直到2005年2月才生效。而2012年后的《京都议定书》二期减排谈判更是步履艰难。2009年，被寄予厚望的"拯救世界的最后一次机会"——联合国哥本哈根世界气候大会只产生了一个没有被缔约方大会通过，也不具有法律约束力的《哥本哈根协议》。哥本哈根世界气候大会后，国际气候谈判进程更加艰难。直到2012年在卡塔尔多哈召开的《联合国气候变化框架公约》第十八次缔约方会议暨《京都议定书》第八次缔约方会议上，为避免第一承诺期在同年年底到期后全球碳减排协议出现"空窗期"，会议在最后一刻通过了一揽子决议，宣布2013年开始实施《京都议定书》第二承诺期。但是，由于加拿大、日本、新西兰及俄罗斯已明确表示不参加，从而使得艰难达成的决议实施前景十分悲观。2013年在波兰华沙举行的《联合国气候变化框架公约》第十九次缔约方会议暨《京都议定书》第九次缔约方会议，在减排和资金这两个核心问题上仍没有达成实质性结果。

第三，气候问题政治化加剧了国家间的权力博弈，国际气候谈判面临更大阻力。气候变化最初是一个大气环境科学问题，但鉴于它对各国经济社会发展的深刻影响，因而既是环境问题，也是发展问题。随着应对气候变化国际治理的深入，气候变化问题政治化趋势明显，气候谈判演变为一场政治博弈。在此过程中，发展中国家逐渐意识到西方国家试图借应对气候变化来制约或遏制发展中国家的发展，因此气候变化国际谈判是维护和争取国际发展权的斗争，是一场国家权力的较量，是"政治层面"的斗争。为了在全球气候治理中占据主导地位和道义制高点，不少国家将气候问题作为国际政治博弈中的一个重要筹码，加大气候外交的力度。欧盟利用其环保、新能源产业上的技术和资金优势，以及在国际气候履约中的声誉，不但在产品标准、贸易和投资方面力求为全球制定欧盟版标准，而且在国际气候谈判中拥有较大的话语权。而在气候变化问题上相对消极的美国，在拜登政府上台后态度变得十分积极。拜登多次公开表示美国将在气候变化问题上发挥领导作用。气候问题的政治化导致了国家间竞争和博弈加剧，国际气候谈判面临更大阻力。

第四，气候风险的不确定性成为各国进行气候治理决策的羁绊，减弱了决策者采取气候行动的政治意愿。科学上的不确定性是气候风险的一个主要特征，也是全球气候治理面临的主要挑战。气候风险的影响涉及自然、社会、经济、政治、生活等领域，由此增大了作为整体的气候风险的不确定性，对各国采取气候治理措施提出了相应的要求。气候风险的不确定性体现在客观与主观两个层面。客观上的不确定性，主要是气候观测资料的不确定性和影响因素的不确定性。由于气候系统的复杂性及科技手段的有限性，人类无法准确预测自然因素对气候变化的影响程度以及人为原因导致气候变化的程度。与洪水、海啸、地震等传统自然灾害不同，气候变化导致的自然灾害和生态破坏问题并不迅速显现，生态系统对气候变化的反应往往比较迟缓，在相当长的时间内不易察觉。由于气候变化造成损害的隐蔽性，一些国家在应对气候变化问题上采取较为消极的态度，仍适用传统的法律机制予以应对，效果不够理想。

与气候风险在客观层面的不确定性相对应，人类认识的局限性及认知差异带来主观层面的不确定性。主观不确定性主要体现在科学研究、决策标准、公众认识等方面。在科学研究方面，政府间气候变化专门委员会近年来发布的气候变化评估报告屡遭质疑。究其原因：一是该报告基于现有科学技术水平，难以对长期以来的气候变化情况进行全面分析，也难以对未来气候变化的趋势进行准确预测；二是人类认知能力有限，数据分析和预测能力具有阶段性和局限性。人们对这一具有较高权威性的评估报告尚有疑问，对其他关于气候变化的研究结论的争议则更大。在决策标准方面，尽管大多数国家对气候变化影响人类生产生活和生态系统持肯定态度，但各国在气候风险的严重程度、减排责任承担等方面存在较大分歧，出于经济发展和社会需求等方面因素考虑，制定应对气候变化政策所依据的标准存在差异。在公众认识方面，受生活环境、教育背景、收入水平等因素影响，公众对气候变化风险存在认识分歧，这直接或间接地影响政府采取相关措施的积极性。在世界上有些地方，相当一部分社会主体还在为基本生存问题忧虑，没有动力去考虑气候变化会引起什么后果，从而不会积极参与气候治理。这些因素相互影响、综合作用，加剧了某些领域、某些时期国际社会对气候治理的认识差异以及各国在此基础上采取措施的差异性，在相当程度上影响全球气候治理的进行。这也导致一些国家的决策者采取环境行动的政治意愿减弱。国际体系中民族国家利益至上原则与全球问题对超越国家利益的客观要求之间的冲突，是造成全球气候治理困境的根本性原因。

二、"共同但有区别的责任"原则的分歧

国际气候谈判的政治生态环境发生了深刻变化。自 20 世纪 90 年代以来，尤其是进入 21 世纪，新兴国家随着经济的高速发

展，能源消费增长迅速，温室气体排放强度大幅增加。从排放趋势看，发达国家历史排放量多，当前和未来排放量总体呈下降趋势；发展中国家历史排放量少，当前和未来增加趋势明显。

国际气候格局的变化严重挑战着《联合国气候变化框架公约》确立的国际气候谈判"共同但有区别的责任"原则。自国际气候谈判在2005年的蒙特利尔气候大会启动了2012年后的《京都议定书》减排谈判即"后京都"谈判之后，发达国家要求新兴大国减排的压力不断增大。特别是2007年12月通过的"巴厘路线图"启动了《京都议定书》二期减排谈判后，发达国家努力推动将《联合国气候变化框架公约》和《京都议定书》并轨，试图建立单一的国际气候变化谈判制度，将发展中国家也纳入同一协定，从而使发达国家摆脱《京都议定书》规定的单独承担的减排任务。发达国家的企图受到了发展中国家的极力抵制，虽未得逞，却使国际气候谈判面临新的阻力。在《巴黎协定》设立的强制减排指标以及给予发展中国家资金、技术援助问题上，美国、日本等发达国家屡屡违反约定。发达国家忽视历史排放、人均排放等因素，要求中国等发展中国家共同承担强制性减排义务。对于已达成的阶段性协议和路线图，发达国家则在执行力度和进度上大打折扣，甚至退出已缔结的国际条约。在此形势下，国际气候谈判"共同但有区别的责任"原则能否继续坚持，将面临严峻挑战。由"伞形集团"和欧盟组成的发达国家阵营，"基础四国"和七十七国集团组成的发展中国家阵营，以及由小岛屿国家联盟、雨林联盟组成的第三方势力，是未来的气候变化谈判中的主角。三个阵营之间以及各阵营内部的博弈将呈现既合作又斗争的复杂态势。

三、全球气候制度遵约效果不佳

由于全球气候制度的功能不够完善，全球气候制度执行效果不佳。

一方面，任何国家可随意退出全球性气候协议，导致气候协议存在严重的代表性不足。国际气候谈判艰难达成的全球性气候协议因严重的代表性不足其效力大大降低。1997年通过的《京都议定书》因2001年美国的退出和2011年加拿大的退出，其效力受到重大影响。尤其是二氧化碳排放占全球排放量1/4以上、全球温室气体排放大国——美国不参加《京都议定书》，免受量化减排限制，更使得全球性减排协议的管辖范围极大受限。而历时七年的艰苦谈判终于在2012年12月达成的《京都议定书》第二承诺期，同样因包括美国、俄罗斯等国的拒绝批准或拒绝加入而存在严重的代表性不足。

另一方面，国际气候制度遵约效果不佳。为确保《京都议定书》得到贯彻执行，成立了《京都议定书》遵约委员会，并于2006年3月开始运行。该委员会设立了全体会议、主席团和两个分支机构——强制执行分支机构和促进执行分支机构，其中强制执行分支机构负责确定发达国家缔约方和经济转轨国家缔约方是否遵守减限排温室气体义务、温室气体估算方法要求、国家信息通报义务和温室气体减排贸易资格要求，并对不遵约国家缔约方实施相关措施；促进执行分支机构负责确定所有缔约方是否遵守《京都议定书》规定的其他义务，并实施相应措施帮助履行义务。对于不遵约的发达国家和经济转轨国家，强制执行分支机构可暂停其参加温室气体减排贸易的资格；如缔约方排放量超过排放指标，还将在该缔约方下一承诺期的排放指标中扣减超量排放 1.3

倍的排放指标。尽管有《京都议定书》遵约委员会以及相关信息报告和审查制度，但由于各分支机构针对违约情况的后果以鼓励性和建议性措施为主，而非进行相应的惩罚，该机制的效力并不明显。

四、缺乏机制间的协调机制

全球气候治理呈现出多元化、多层次的"碎片化"制度发展趋势，产生了大量由政府主导但范围更窄的"小多边"乃至双边气候制度，以及类型各样的公私伙伴和民间型的气候合作制度。尽管全球气候治理的制度主体多、管辖覆盖面广，但是这些制度高度分散，不同的机制之间缺少协调机制。事实上，气候变化领域根本就未形成一个统一的紧密相关的国际制度，相互之间的协调非常薄弱。各种制度所获得的支持来自众多履行各项不同职能的国际组织。不同制度之间契合性较弱。全球气候治理不仅需要各种环境机构的协调与合作，还需要对环境造成直接或间接影响的其他组织、机构的积极参与和政策认同。像世界银行和国际货币基金组织，虽然不是专门应对气候变化的国际组织，但其投资行为将直接导致对环境具有重要影响的产业结构的变化。例如，尽管世界贸易组织推动了更多增加二氧化碳排放的贸易谈判，国际投资和贸易领域增加了环保方面的要求，但实际上涉及相关议题的协议很少，国际上缺乏各机构间政策的协调统一和有效管理。

五、气候全球治理的价值共识受到挑战

随着经济全球化和自由化的发展，一种否定道德传统，否定社会正义，倡导功利化的政治思潮兴起。在这种思潮的影响下，"利益大于道义"成为国际社会的基本价值取向。全球气候治理的现实困境也反映出国际社会的这种价值观。在参与治理全球气候问题的诸多行为体中，更多的行为体秉持的是利益大于道义的观念。利益博弈和权力角逐始终左右着国际气候谈判的进程，而真正有助于改善环境的全球性协议难以达成。此外，一些非国家行为体环境道德的缺失更是加速了环境恶化，也加剧了人类尤其是弱势群体由此受到的危害。例如，有的跨国企业为谋取利润将一些高污染、高能耗的夕阳产业转移到发展中国家经营，甚至有的直接将有毒垃圾运往落后地区处理。追踪一下贸易、生产和金融方式的转变，我们就会了解更多关于导致环境变化的来源和动力。同样，研究公司、银行和其他金融行为体的投资情况和它们在环境治理中的政治作用，将是理解在当前新自由主义全球经济中能够采取何种形式的行动的基础。

这种政治思潮导致了气候制度主体间的不平衡。1992年的《联合国气候变化框架公约》奠定了全球气候治理的法律基础，形成了以主权国家为主体，以多边国际谈判为主导的全球气候治理的基本治理模式。然而，由于多边国际气候谈判停滞不前，以及气候变化问题的全球性和多领域性等客观事实，气候治理主体越来越多元化，不仅有主权国家为主体的治理活动，还有非政府组织、企业、研究机构、公众参与的气候治理活动。可以说，它们都是全球气候治理中不可或缺的治理主体。但是，这些各种各样的多元治理主体中，由于气候问题的日益政治化，一些非国家行为体不但缺乏参与治理的政治资源，而且经常容易被忽略，甚至被主权国家限制其活动空间。一些真正体现全球正义、具有专业知识、富有高度热情的非政府组织，往往在全球气候治理体系中处于边缘地位，这极大限制了其能力的发挥，也影响到气候治理的效果。

第三节　全球气候治理的前景

气候变化问题与其他全球性问题之间存在的重大区别是，全球各个角落的每一个人都可能是气候变化问题的肇事者和解决者，每一个人的行为，其从事的生产活动和其生活方式均可能对全球气候问题带来或有利或有害的影响。因此，要真正解决气候变化问题，全球每一个个体都需要树立责任意识，并采取切实行动。全球化思维就是要强化以全球正义为核心的价值观指导。全球气候治理体制面临挑战，更深层次地反映出现实的世界格局及其主导规范与全球性问题解决之间的严重困境。众所周知，世界各国都无法逃脱气候变化所带来的直接或间接危害，特别是近些年，地球生态系统破坏、极端天气频发等，让人们切身感受到，如果气候变化不加阻遏地发展下去，人类社会无疑在进行着慢性自杀。所以，国际社会在气候变化问题上已经成为休戚与共的安全共同体。

在应对气候变化的国际合作中，如果不秉持全球正义和全人类利益观念，而固守个体利益，将不会有真正的赢家。气候问题表面上是生态环境问题，其实质是经济发展的问题，现在又演变为政治问题。在世界面临日益严重的全球问题的威胁情势下，基于个体功利的价值观应该让位于基于全球正义的价值观念，让占领道德制高点的价值追求不仅成为各国和各个机构的政策目标，也成为整个社会的时代风尚。国际社会只有以公平与正义价值观为引导，才能照顾到弱势群体，才能体现时代的进步性，才能有助于保护世界生态环境和资源。

在树立气候变化全球主义价值观的过程中，宣传教育和表率作用不可或缺。宣传教育有助于增进世界公众对环境价值和环境共识等的学习、理解与沟通，使追求可持续发展成为人类社会一种新的环境思考范式和新的全球共识。宣传教育有助于产生表率作用，表率作用可以产生一种道德动力。在应对气候变化问题上，大国发挥应有的表率作用就是大国责任的体现。"本土化行动"要求充分发挥全球气候治理体系中不同行为体的功能优势，通过强化制度，使其各尽其能。目前，在这个以联合国为中心，由主权国家、国际组织、公司企业和公民社会共同构成的治理体系中，发挥各行为体的功能优势。具体而言，需要做到以下几个方面。

第一，尊重联合国的核心地位，发挥其统一立法和协调管理职能。联合国是世界上最具代表性、合法性和权威性的国际组织。它不仅"为世界政治提供了一个中心舞台"，"在这个舞台上，它最小和最不起眼的成员也能感受到自己是这个世界的一份子"，[1]而且有权制定国际法律，其合法性和公信力较强。在气候治理方面，联合国不但是历次全球气候大会的发动者、组织者，而且在联合国系统内也已经形成了一个全球气候治理的组织网络，除联合国大会、联合国安理会、联合国经济及社会理事会和国际法院这些联合国的主要机构外，还包括后来相继成立的环境规划署、世界环境与发展委员会、气候变化框架公约的政府间谈判委员会等有名的专门治理全球气候问题的机构。在联合国主导下诞生了一系列全球气候法、环境公约和协议等。所以，联合国

---

[1] [英]亚当·罗伯茨等主编，吴志成、张蒂等译：《全球治理：分裂世界中的联合国》，中央编译出版社2010年版，第58页。

在全球气候立法、创设环境新议题、统一与协调环境机构和公约，以及实施环境教育、提高世界公众对环境保护的认知能力方面发挥了重要作用。因此，必须尊重联合国在全球性环境问题治理中的地位与作用，在联合国框架下达成全球公平正义的环境共识和制度，并从法律和道德两个方面督促各国执行，真正树立起联合国的权威，充分发挥其环境治理效能。

第二，强化政府在气候治理中的引导、规范和管理职能。当今世界，虽然全球化和全球问题的发展需要人类社会建立一个命运共同体，但是主权民族国家体系的现实使得主权国家仍然合法垄断其领土疆界内的权力，并拥有处理世界事务的最大权力，所以在治理诸如气候变化等全球性问题中，主权国家政府的作用应充分发挥。对于发达国家来说，承担历史责任，给予发展中国家以资金和技术支持，携手应对气候变化是其正确选择。对于广大发展中国家而言，环境问题归根到底是一个发展问题，政府要探索环境和经济协调发展的理论和战略，通过经济发展来推动环境保护，以环境保护来促进经济发展。同时，政府要采取行政的、法律的和经济的手段，建立环境保护制度，强化环境管理体系，实施环境教育，达到"在发展中解决环境问题"。

第三，发挥市场机制的奖惩功能，推动气候减排的实施。在环境问题上只靠政府是不行的，利益往往是合作的出发点，而市场是引导自利行为体行为的最有效机制。在当今国际社会面临的最棘手的气候变化问题上，可以利用市场力量通过惩罚以及更重要的激励和奖励来协调减排活动。目前，在所有能够解决气候变化问题的基于市场的工具中，最有效的是温室气体排放的"限制和交易"机制。所谓"限制和交易"是指在限制温室气体排放总量的基础上，通过买卖行政许可的方式来进行排放。1997年12月《联合国气候变化框架公约》缔约方第三次会议通过的

《京都议定书》将"限制和交易"机制运用到减少温室气体排放的国际合作中。《京都议定书》规定，两个发达国家之间可以进行排放额度买卖的"排放权交易"，即难以完成削减任务的国家，可以花钱从超额完成任务的国家买进超出的额度。"限制和交易"机制通过"胡萝卜和大棒"政策发挥着功能。它一方面通过让温室气体变得昂贵来促使排放源的主体用一些对环境破坏较小的东西来替代。如果它们不能这样做，那么贸易条款允许它们购买继续排放的许可，直到它们准备好投资新技术。另一方面也通过激励机制奖励那些作出贡献的碳排放者，加快减排进程。市场功能的发挥不仅体现在国际气候合作中，还充分体现在环境技术开发和利用方面。

第四，充分发挥环境公民社会在舆论引导、监督审查和向政府施压方面的职能。环境公民社会在全球气候治理中具有其他组织或力量不具备的优势，比如它的非营利性和草根性特点使其观点更容易为民众所接受，它的灵活性和非政治性提高了其行动效率。此外，公民社会往往是由具有一定专业知识和技能，并胸怀高度热情的人组成，这些人员的奉献精神也有助于问题的解决。自20世纪90年代以来，环境领域中的跨国公民社会组织在数量和规模上都极大增长，除像世界自然保护联盟、世界自然基金会和绿色和平组织等规模和影响均很大的全球性环境公民社会外，各种各样环境非政府组织、环境治理网络和环境保护运动不断出现，一些大学、专业机构以及政策部门也建立起环境专业和项目。环境公民社会通过宣传教育、舆论导向和示威游行等方式在增强人们的环保意识、监督与审查环境机构和环境协议的运行与实施，以及向政策制定者施加压力等方面发挥了巨大作用。不可否认的是，越来越多的非政府组织与公民社会参与到国际气候政策的制定与执行中，它们不仅影响了国家的环境决策，而且通过在全球范围塑造生态责任感和掌控全球市民社会运作的结构,独立地在世界事务中发挥影响。并且,在非政府组织与公民社会的压力和公众日益增长的环境保护意识的影响下,国家与国际社会的行为日趋理性和正义。

图书在版编目（CIP）数据

国际安全概论 / 王辉著. -- 北京：时事出版社，
2024. 8. -- ISBN 978-7-5195-0608-7

Ⅰ. D815.5

中国国家版本馆 CIP 数据核字第 2024KB5059 号

出 版 发 行：时事出版社
地　　　址：北京市海淀区彰化路 138 号西荣阁 B 座 G2 层
邮　　　编：100097
发 行 热 线：（010）88869831　88869832
传　　　真：（010）88869875
电 子 邮 箱：shishichubanshe@sina.com
印　　　刷：北京良义印刷科技有限公司

开本：787×1092　1/16　印张：16.25　字数：200 千字
2024 年 8 月第 1 版　2024 年 8 月第 1 次印刷
定价：110.00 元

（如有印装质量问题，请与本社发行部联系调换）